PROJEKTREIHE KINDERGARTEN

BEI DER POLIZEI

Anja Mohr · Rebecca Meyer

Kaufmann Verlag

Inhalt

3 DIEBE UND RÄUBER

4 KRIMINALTECHNIK

5 TIERISCHE HELFER BEI DER POLIZEI

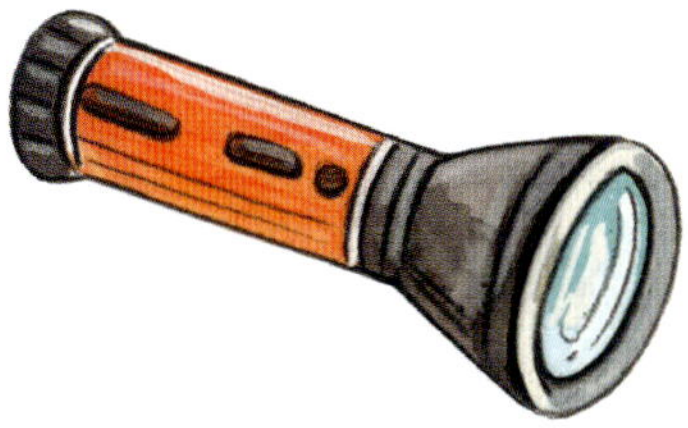

KOPIERVORLAGEN

Liebe Erzieherinnen und Erzieher,

wenn draußen vor der Kita „Tatütata!" ertönt, stürzen alle Kinder ans Fenster. Angst, Faszination, Neugier, Sensationslust: Blaulicht und die blau-weißen Einsatzwagen der Polizei ziehen (nicht nur) Kinder magisch an. Wenn sich auch Ihre Kinder fantasievolle Polizeiabenteuer ausdenken und rasenden Einsatzwagen hinterherschauen, ist es an der Zeit, ihr Interesse aufzugreifen …

„Achtung, Polizei!" – In Rollenspielen schlüpfen Kinder gern in die Figur des Polizisten, Kommissars, Räubers, Diebes oder des Opfers – und spielen so aus unterschiedlichen Blickwinkeln selbst ausgedachte Handlungen nach. Für die Entwicklung von Fantasie, Empathie, logischem Denken und Sprachfähigkeit gibt es kaum etwas Besseres.

Ein ganzes Projekt zum Thema „Polizei" kann aber noch viel mehr: Beim Polizeispiel erfahren die Kinder auch Wichtiges über Gefahrensituationen und darüber, wie sie sich dann am besten verhalten. Abgesehen davon, dass dieses Wissen auch in der realen Welt, in echten Notsituationen lebensrettend sein kann, erschließen sich die Kinder damit auch Weltsicherheit und Selbstbewusstsein.

Polizeiausrüstung, Polizeihunde, Spurensicherung und Kriminaltechnik: In diesem Projektbuch finden Sie fantasievolle und abwechslungsreiche Gestaltungs-, Spiel- und Morgenkreisideen und vieles mehr zu den spannendsten Themen der Polizeiarbeit.

Das Motto unserer „Projektreihe Kindergarten"
Alle Ideen sollen Sie bei der Arbeit kompetent und zielführend unterstützen. Darum sind sie:

- schnell einsatzbereit und leicht umsetzbar,
- in der Praxis mehrfach erprobt und für gut befunden,
- differenziert auf den Erfahrungs- und Wissenshorizont von Kindern im Alter von drei bis sechs Jahren ausgerichtet,
- klar strukturiert und im Buch schnell zu finden.

Ich wünsche Ihnen und Ihren Kindern ganz besonders viel Spaß „Bei der Polizei"!

ANJA MOHR

Hintergrundinformationen für Fachkräfte

Die Polizei ist ein Schutzorgan des Staates und untersteht einem Innenministerium. Die Polizei ist immer in Bereitschaft, am Tag und in der Nacht, an Wochenenden und auch an Feiertagen. Sie hat die Aufgabe, mögliche Gefahren für die öffentliche Sicherheit oder Ordnung abzuwehren, bevor etwas passiert. Daneben sind die Polizisten auch für die Straftäterverfolgung und Straftatenaufklärung verantwortlich sowie für alles, was mit dem Verkehr zu tun hat.

Abteilungen der Polizei

Der **Streifendienst** ist bei Unfällen, Hausstreitigkeiten oder Einbrüchen immer als Erstes vor Ort. Mit Polizeifahrzeugen fahren die Polizisten ihre Streife und sehen nach dem Rechten. Wenn etwas passiert ist, fordern sie gegebenenfalls Verstärkung an oder klären beispielsweise einen Streit gleich an Ort und Stelle. Die Polizeidienststellen sind zuständig für Fälle der kleinen oder mittleren Kriminalität, z. B. Pkw-Aufbrüche und Ladendiebstähle. Die Verkehrsüberwachung, die auch zum Streifendienst gehört, ist zuständig für das Durchführen von Geschwindigkeitskontrollen, die Überprüfung von Lastkraftwagen, Alkoholkontrollen oder auch die Verkehrsunfallaufnahme. Zudem kümmert sie sich um die Verkehrserziehung in Kindergärten und Schulen.

Die **Kriminalpolizei** ist für die Aufklärung und auch Vorbeugung von Straftaten im Bereich Rauschgift und Personenschaden sowie für Sexualdelikte zuständig. Auch die Wirtschaftskriminalität, wie der Handel mit Waffen, illegalen Waren und Falschgeld, fällt in ihren Bereich. Spezielle Teilbereiche sind der Umweltschutz, die Lebensmittelüberwachung und die Überwachung gewerberechtlicher Vorschriften.

Zu den **Spezialeinheiten** gehören das SEK (Spezialeinsatzkommando) und das MEK (Mobiles Einsatzkommando). Sie bekämpfen die Schwerstkriminalität, Terrorismus und unterstützen die Polizeidienststellen, wenn spezielle Einsatztaktiken und -techniken erforderlich sind. Sie unterstützen andere Abteilungen bei Observationen, Durchsuchungen und Festnahmen.

Die **Bereitschaftspolizei** ist für die Ausbildung des Polizeinachwuchses zuständig. Hier werden Beamte aus verschiedenen Bereichen der Polizei zusammengefasst und können so andere Abteilungen bei Großveranstaltungen (z. B. bei Fußballspielen) oder Suchaktionen unterstützen.

1

POLIZEI

UND AUSRÜSTUNG

Was macht die Polizei denn eigentlich alles? In einem Sachgespräch tauschen Sie sich mit den Kindern über richtige und falsche Annahmen aus – und darüber, was die Polizistinnen und Polizisten denn nun wirklich so alles zu tun haben. Wichtig dabei auch: die Ausrüstung!

1 Die Polizei

SACHGESPRÄCH

ALTER ab 3 Jahren

ZIELE Wissen über die Polizei und ihre Arbeit, Sprache und Kommunikation

MATERIAL Plakat, Buntstifte, Bilder von der Polizei und Ausrüstung

Die Kinder haben bestimmt eigene Vorstellungen von dem Tätigkeitsfeld und der Ausrüstung eines Polizisten. Deshalb ist es sinnvoll, vorab zu klären, welches Wissen die Kinder von der Polizei haben. In einem Gesprächskreis teilen die Kinder ihr Wissen und können hier auch Anregungen geben, was sie alles über die Polizei erfahren möchten.

Kommen Sie mit den Kindern zu einem Sitzkreis zusammen. Hier können die Kinder alles erzählen, was ihnen zu einem Polizisten, dessen Ausrüstung oder auch seinen Aufgaben einfällt. An dieser Stelle können die vorbereiteten Bilder zum Einsatz kommen. Das Wissen können Sie gemeinsam auf einem großen Plakat sammeln. Die Kinder malen oder schreiben das Genannte auf das Plakat und kleben dazu auch Bilder auf.
Das Plakat gut sichtbar im Gruppenraum aufhängen, damit es während des ganzen Projektes präsent ist. Zum Abschluss des Themas betrachten Sie mit den Kindern das Plakat noch einmal genau. Eventuell noch fehlende Punkte können die Kinder nun ergänzen.

TIPP Es besteht fast überall die Möglichkeit, mit der Polizei zusammenzuarbeiten und den Besuch eines Polizisten in der Einrichtung zu organisieren. Deshalb können Sie sich im Vorfeld mit einem Polizeirevier in Verbindung setzen und Ihre Bitte vortragen. Einen Tag vor dem Besuch der Polizei bereiten Sie und die Kinder sich am besten vor und erarbeiten gemeinsam Fragen, die sie dem oder den Polizisten stellen wollen.

Polizeifarben

Die grüne Uniform und die grün-weiß lackierten Polizeifahrzeuge prägten das Erscheinungsbild der deutschen Polizei bis 2005. Zuerst begann die Bundespolizei Ende 2005 mit der Umstellung auf die neue blaue Polizeiuniform. Seit Ende 2015 sind alle Beamten mit der neuen blauen Uniform eingekleidet und auch die Polizeifahrzeuge erstrahlen in Blau-Silber. Ziel der Umstellung ist einerseits die europaweit einheitliche Erkennbarkeit der Polizei, andererseits die moderne Anpassung der Dienstkleidung an geänderte Anforderungen.

Portfolio

Im Anhang finden Sie die Portfolio Vorlage „Polizeitag“, mit der Sie den besonderen Tag für die Kinder festhalten können. Nur das Datum einfügen, ein Bild aufkleben und die Kinder malen oder Sie schreiben, was sie an diesem Tag alles in Erfahrung gebracht haben oder was ihnen am besten gefallen hat.

2 Der Polizist

KREATIVAKTION

ALTER ab 4 Jahren

ZIELE Feinmotorik, Kreativität

MATERIAL Kopiervorlage „Polizist", dunkelblauer, hellbrauner (Hautfarbe), dunkelbrauner, schwarzer Tonkarton, Schere, Kleber, schwarzer Stift

Diese Bastelarbeit ist eine tolle Raumdekoration. Mit einem Haltestab versehen kann dieser gebastelte Polizist aber auch beispielsweise bei einem Tischtheater zum Einsatz kommen.

Die Vorlage des Polizisten auf den farblich passenden Tonkarton übertragen und die Kinder die Einzelteile ausschneiden lassen. Den Polizisten zusammenkleben und mit einem Stift das Gesicht aufmalen.

Ausrüstung

Polizisten, die Uniform tragen, führen meist noch folgende Ausrüstung oder Gegenstände mit sich: eine Taschenlampe, Handschellen, Handfeuerwaffe, Reizstoffsprühgerät, Schutzweste, Handschuhe, Funkgerät und Einsatzmehrzweckstock.

3 Polizeiauto

KREATIVAKTION

ALTER ab 4 Jahren

ZIELE Feinmotorik, Kreativität

MATERIAL Kopiervorlage „Auto", Tonkarton in Weiß, Schwarz und Blau, Tonpapierrest in Gelb, Schere, Bleistift, Kleber, schwarzer und weißer Stift, Lineal

Dieses schicke Polizeiauto können Sie auch als Fenster-Deko verwenden.

Die Vorlage des Polizeiautos auf den passenden Tonkarton übertragen und die Kinder die Einzelteile ausschneiden lassen. Das Auto nun wie auf der Vorlage gezeigt zusammenkleben.

Fahrzeuge

Die Polizei besitzt neben den Streifenwagen, auch Funkstreifenwagen genannt, noch einige andere Fahrzeuge und Fahrzeugtypen, wie ein Info-Mobil, den Truppenkleinbus, Polizeimotorrad, Sicherungs- und Bearbeitungsfahrzeug, Wasserwerfer, einen Omnibus und andere Wagen.
Zur Verbesserung der Sicherheit und Erkennbarkeit sind die Fahrzeuge in der Kontrastfarbgebung Silber-Blau und mit reflektierenden Elementen an den Fahrzeugseiten gestaltet. Am Heck sind sie meist noch zusätzlich mit einer gelben Folienbeklebung ausgestattet.
Zivile Polizeifahrzeuge sind als solche nicht zu erkennen, haben aber meist die gleiche Ausstattung wie ein Streifenwagen. Bei einem Notfall kann mithilfe eines Magneten das Blaulicht am Dach angebracht werden.

Für die Abtrennung Vorder- und Hintertür mit dem schwarzen Stift einzeichnen und dazu mit einem Lineal eine Linie von oben nach unten ziehen. Den Türgriff und die Radmuttern aufmalen. Die Aufschrift „Polizei" auf den blauen Seitenstreifen kleben. Ältere Kinder können das Wort „Polizei" mit einem weißen Stift selbstständig ins Bild malen.

4 Eignungstest

SPIEL

ALTER ab 3 Jahren

ZIELE Sinnesschulung, Grobmotorik, Freude an Bewegung und Spiel, Feinmotorik

MATERIAL je nach Station: Bildkarten, Geräusche-CD, verschließbare Dosen, Malpapier und Stifte

Bevor ein Polizist seinen Dienst antreten kann, muss er einen Eignungstest ablegen. Hier finden Sie ein Stationen-Spiel, bei dem alle „Polizisten" gemeinsam mitmachen. Gestalten Sie das Spiel nicht als Wettkampf, Verlierer gibt es nicht, nur das Bewältigen der Übungen zählt.

Zu Beginn des Angebotes stimmen Sie die Kinder auf den Eignungstest ein. Hier reicht es, zu wissen, dass es sich um eine Polizeiaufnahmeprüfung handelt. Anschließend geht es schon zu den einzelnen Stationen.
Folgende kleine Übungen bieten sich an:

- **Fitnesstest:** ein kleiner Lauf, Liegestütze, Kniebeugen
- **Sehtest:** Aus sechs Bildkarten muss die eine gefunden werden, die nicht dazugehört. Je nach Alter der Kinder können das fünf Autos und ein Traktor sein oder für ältere Kinder sechs gleiche Blumen und nur an einer Blume fehlt ein Blatt.
- **Hörtest:** Es werden verschiedene Geräusche vorgespielt, die erkannt werden sollen.
- **Riechtest:** Dazu in drei verschließbaren Dosen „Gerüche" einbringen. Dies können Tee, Duschgel, Zahnpasta, Zwiebel, Essig usw. sein. Die Kinder riechen an der Dose und benennen den Geruch.
- **Spuren finden:** Die Kinder lösen auf einem Blatt ein Labyrinth.
- **Eine schriftliche Prüfung:** Die Kinder malen vorgezeichnete Motive und einfache Zeichen ab.

Als Belohnung für die erfolgreich absolvierte Prüfung überreichen Sie jedem Kind seinen Polizeiausweis.

TIPP Für einen solchen Ausweis Tonpapier in eine Größe von 10 Zentimeter auf 7 Zentimeter zuschneiden. Ein Foto des Kindes auf die obere Hälfte kleben und mit einem Filzstift umkreisen. Unter das Bild schreiben die Kinder ihren Namen oder Sie schreiben ihn. Einen Finger in das Stempelkissen drücken und am unteren Rand des Passfotos aufdrücken, so sieht es wie ein Stempel aus. Für die Rückseite schneiden die Kinder einen Stern aus gelbem Tonpapier aus. Danach den Ausweis laminieren.

5 Wo ist Püppi?

MITMACHGESCHICHTE

ALTER ab 3 Jahren

ZIELE Konzentration, Aufmerksamkeit, genaues Zuhören

MATERIAL Sitzkissen

Bei dieser Geschichte handelt es sich um eine Mitmachgeschichte, an der sich die Kinder, wie der Name schon sagt, aktiv beteiligen können. Hier heißt es, aufpassen!

Im Sitzkreis stimmen Sie die Kinder auf die Geschichte ein: Jedes Mal, wenn das Wort „Polizei" genannt wird, rufen alle laut „Tatütata!".
Zu einfach? Noch mehr aufpassen müssen die Kinder, wenn sie auch bei den beiden Wörtern „Diebe" und „Räuber" „Tatütata!" rufen müssen oder bei Begriffen, die im Zusammenhang mit der Polizei stehen.

Geschichte

Als Mia erwachte, merkte sie es sofort, Püppi lag nicht neben ihr. Gestern Abend, als sie ins Bett ging, hatte sie Püppi neben sich auf das Kopfkissen gelegt und sich mit ihr unter die Decke gekuschelt.
Doch nun lag Püppi nicht an ihrem Platz. Mia richtete sich auf und rief laut: „Hilfe, **Polizei**, **Diebe** und **Räuber** waren hier."
Sofort kam ihre Mama ins Zimmer gelaufen: „Mia, was ist passiert? Wurde etwas **gestohlen**?"
Auch Mias großer Bruder Theo kam ins Zimmer und fragte: „Wo sind die **Diebe**?"
„Meine Püppi ist weg", weinte Mia.
Theo hatte eine Idee: „Niemand bewegt sich, ich hole meine **Polizeiausrüstung**." Schnell wie der Wind war er zurück, er hatte sich seine **Polizeimütze** aufgesetzt und eine **Lupe** dabei. In der Hand hielt er **Handschellen**.
Mama erkundigte sich erstaunt: „Theo, wofür brauchst du denn die **Handschellen**?"
„Damit ich die **Diebe** gleich verhaften kann, wenn sie sich hier noch aufhalten. Und die **Lupe** brauche ich, um nach **Spuren** zu suchen. So, Mia, jetzt raus aus dem Bett, ich muss es nach **Spuren** absuchen."
Mia warf ihre Decke zurück und plumps, da lag Püppi auf dem Boden. Alle drei, Mia, Theo und auch Mama, schauten zuerst etwas erstaunt und dann fing Theo an zu lachen. „Von wegen **Diebe** und **Räuber**! Püppi war nur unter die Decke gerutscht." Mia war das Ganze jetzt ein bisschen peinlich, sie hätte wirklich erst unter die Decke schauen können, bevor sie laut nach der **Polizei** rief.
„Dann ist ja alles noch einmal gut gegangen und ich bin sehr froh, dass in unserem Haus keine **Diebe** und **Räuber** nachts unterwegs sind!", sagte Mama und lachte erleichtert. Da lachten auch Mia und Theo und gemeinsam gingen sie in die Küche zum Frühstücken. Natürlich begleitete Püppi Mia, und Theo setzte seine **Polizeimütze** noch nicht ab. Denn man weiß ja nie, wann man den nächsten **Polizeieinsatz** hat.

6 Polizeimütze

KREATIVAKTION

ALTER ab 3 Jahren

ZIELE Feinmotorik, Fantasie, Vorstellungskraft

MATERIAL Kopiervorlage „Polizeimütze 1 + 2“, Tonkarton in Dunkelblau, Schwarz, Tonpapier in Gelb, Schere, Kleber

Nicht nur zu Fasching, auch für das tägliche Rollenspiel können die Kinder diese Polizeimütze bestimmt gut gebrauchen.

Legen Sie auf den dunkelblauen Tonkarton die Kopiervorlage der Mütze mittig auf und verlängern Sie die Seitenteile über den ganzen Karton. Die Länge wird nach dem Kopfumfang der Kinder gekürzt. Die Kinder schneiden die „Mütze“ aus und Sie kleben oder tackern diese zu einem Reif zusammen. Die Tackernadeln von innen mit Klebefilm abkleben, damit keine Haare an diesen hängen bleiben oder die Kinder sich verletzen. Das Schild auf dem schwarzen Tonkarton aufzeichnen und ausschneiden. Das Schild dann an der geraden Seite mehrmals 1–2 Zentimeter einschneiden und am Kopfteil ankleben. Anschließend nach oben klappen, sodass es nach vorne zeigt. Jetzt noch das gelbe Emblem ausschneiden und an der Mütze mit Kleber anbringen.

Mütze

Zu jeder Uniform gehört eine Schirmmütze, die als Erkennungszeichen dient. Durch die Form der Mütze hebt sich die Uniform deutlich von der Bekleidung von privaten Sicherheitsunternehmen ab, die auch oft dunkel gekleidet sind. Vorne ist das Hoheitsabzeichen des jeweiligen Bundeslandes aufgebracht.

7 Spiele mit Bildkarten

SPIEL

ALTER ab 3 Jahren

ZIELE Merkfähigkeit und Konzentration, Sprache und Kommunikation, Selbstvertrauen, Ausdauer und Freude am Spiel

MATERIAL Kopiervorlage „Bildkarten", Schere, Laminiergerät und Folie

Diese Bildkarten können Sie auf vielfältige Weise nutzen. Einige Ideen dazu finden Sie direkt hier.

Die Bildkarten kopieren und auseinanderschneiden. Die Kinder können sie jetzt bemalen. Für eine längere Haltbarkeit können Sie die Kärtchen auch noch laminieren.

Kommen Sie mit den Kindern zu einem Sitzkreis zusammen und verwenden Sie die Karten für die aufgeführten Spielvarianten.

- Legen Sie die Bildkarten offen in der Kreismitte aus. Nacheinander suchen sich die Kinder eine Karte aus. Können sie die Gegenstände darauf benennen? Wer weiß, wozu die Polizisten sie benötigen?
- Ein Kind zieht ein Kärtchen und versucht, den Begriff pantomimisch darzustellen. Die anderen erraten den Begriff. Wer richtig rät, darf den nächsten Begriff darstellen.
- Ein Kind zieht ein Kärtchen und muss den Begriff ohne Einsatz der Hände diesmal nur mit Worten beschreiben. Dabei soll es den Begriff nicht nennen.
- Die Kinder legen die Bilder nebeneinander in einer bestimmten Reihenfolge aus. Die Kinder schauen sich die Reihenfolge genau an und schließen dann die Augen. Nun können Sie eine Karte entfernen oder mit einer anderen den Platz tauschen lassen. Können die Kinder, wenn sie jetzt die Augen wieder öffnen, den Fehler erkennen? Je nach Alter der Kinder die Anzahl zwischen 4 und 12 Bildkarten variieren.

8 Die Fahrt mit dem Polizeiauto

MITMACHSPIEL

ALTER ab 3 Jahren

ZIELE Rechts-links-Verständnis, Bewegung mit Sprache, Vorstellungskraft, Fantasie

MATERIAL Stuhl, Stift

Diese Bewegungsgeschichte macht im Stuhlkreis besonders viel Spaß. Die Kinder üben dabei spielerisch das Unterscheiden von rechts und links, denn beide Seiten werden in der Geschichte immer wieder genannt.

Kommen Sie mit den Kindern zu einem Stuhlkreis zusammen. Erklären Sie den Kindern, dass Sie eine Mitmachgeschichte vorlesen, bei der die Bewegungen anhand des Textes pantomimisch durchgeführt werden. Damit links/rechts für die Kinder einfacher zu merken ist, dürfen sich die Kinder mit dem Stift einen Punkt auf die linke Hand malen.

Geschichte

Heute dürfen wir eine Fahrt mit dem Polizeiauto zu machen. Dazu alle einsteigen und anschnallen.
pantomimisch anschnallen

Das Polizeiauto starten, das Lenkrad ergreifen, den Fuß aufs Gaspedal und schon geht die Fahrt los.
einen Fuß nach vorne strecken und Gas geben. Beide Hände als Lenkrad nach vorne strecken

Zuerst mal geradeaus, die Straße entlang. Jetzt nach links abbiegen, dann vorsichtig nach rechts abbiegen.
nach links und rechts lehnen

Wir fahren durch eine Spielstraße, also aufpassen, hier gibt es spielende Kinder. Ganz langsam fahren und immer nach links und rechts schauen.
links schauen und rechts schauen, mit Ansagen mehrere Wiederholungen

Hoppla! Da sind auch einige kleine Hügel auf der Straße verbaut. Achtung, jetzt kommt einer, aufgepasst!
die Kinder hüpfen bei „Achtung" kurz von ihrem Stuhl auf, mehrmals wiederholen

Vor uns ist eine Ampel, die ist rot. Alle bremsen und halten an.
bremsen und einen kurze Moment Stille halten

Die Ampel zeigt Grün, wir können weiterfahren, Fuß aufs Gas und mit Tempo auf die Autobahn. Hier dürfen wir schneller fahren und dabei überholen wir andere Autos.
nach links lehnen und gleich wieder nach rechts, dabei immer „Auto überholt" sprechen, mehrere Wiederholungen

Da kommt ein Funkspruch: „Achtung, Achtung, ein Dieb ist auf der Flucht." Blaulicht an und schnell fahren.
Tatütata sprechen und schnell fahren

Ist das eine wilde Verfolgungsjagd! Es geht nach rechts, nach links, rechts und dann wieder geradeaus.
schnell nach rechts/links lehnen, mehrere Wiederholungen

Alle langsamer fahren. Seht ihr den Dieb? Oh schade, ich glaube, er ist uns entwischt. Doch wir suchen weiter, also Augen auf.
sich nach vorne beugen, rechts und links schauen

Da ist er wieder, Fuß aufs Gas!
schnell fahren und wieder Tatütata sprechen

Schnell, den fangen wir, Autotür auf und springen – gefangen.
Kinder hüpfen in die Mitte und fassen sich an

9 Megafon

KREATIVAKTION

ALTER ab 4 Jahren

ZIELE Wissen zum Megafon, Feinmotorik, Fantasie, Sprechfreude

MATERIAL weißer Tonkarton, Fingerfarbe in verschiedenen Farben, Pinsel, zwei Papierrollen, Schere, Kleber

Die eigene Stimme durch ein selbst gebautes Megafon zu verstärken, ist für die Kinder ein neuartiges Erlebnis und weckt die Sprechfreude.

Die Umrisse eines Viertelkreises mit einem Radius von 30 Zentimetern auf den weißen Tonkarton aufzeichnen und ausschneiden. Eine Papierrolle in der Mitte teilen. Den Viertelkreis, die ganze und halbierte Rolle mit Fingerfarben bemalen und trocknen lassen. Danach den

Viertelkreis zu einer „Tüte" zusammenkleben, sodass am schmalen Ende ein Loch von ca. zwei Zentimetern bleibt. Die ganze Papierrolle an einem Ende mehrmals etwa einen Zentimeter einschneiden und umknicken. Die Knickstellen mit Kleber bestreichen und ungefähr mittig an der „Tüte" als Haltegriff ankleben. Die halbierte Rolle ist die Sprechmuschel und wird auf den schmalen Teil der Tüte aufgesetzt und mit Kleber fixiert.

TIPP Durch das Verwenden von Heißkleber wird das Megafon stabiler. Sie können zum Herstellen des Megafons auch farbigen Tonkarton verwenden, dann entfällt das Bemalen der Einzelteile.

Erweiterungsvorschlag

Spiel mit dem Megafon

Ein beliebiger Gegenstand wird im Raum versteckt. Ein Kind muss ihn suchen, und zwar auf die Ansage eines anderen Kindes durch das Megafon. Dabei gibt es nur einen Befehl, und zwar den Namen des Gegenstandes. Spricht das Kind mit dem Megafon ihn leise aus, so ist das Versteck weit weg vom suchenden Kind. Je näher das Kind an das Versteck herankommt, desto lauter spricht das andere Kind in das Megafon, bis der Gegenstand gefunden ist.

Megafon

Ein Megafon ist nichts anderes als ein Sprachrohr oder umgangssprachlich eine Flüstertüte. Es ist trichterförmig, wobei die kleinere Öffnung für den Mund und die größere für das Hören verwendet wird. Die Polizei verwendet moderne elektrische Megafone als Sprachverstärker. Sie bestehen aus einem Mikrofon, einem Verstärker und einem Lautsprecher. Der Einsatz erfolgt, um sich bei Demonstrationen und Menschenaufläufen Gehör zu verschaffen, aber auch, um Menschen vor Gefahren zu warnen. Die Funkwagen sind oft mit fest installierten Megafonen auf dem Dach ausgerüstet.

10 Hilfe aus der Luft

KREATIVAKTION

ALTER ab 4 Jahren

ZIELE Feinmotorik, Vorstellungskraft

MATERIAL Kopiervorlage „Polizeihubschrauber“, weißer, blauer, schwarzer und roter Tonkarton, schwarzer und weißer Stift, Kleber, Schere, Faden

Die Polizei verfügt auch über Hubschrauber. Hubschrauber haben den Vorteil, dass sie unabhängig vom Zustand des Geländes eingesetzt werden können und schnell an der richtigen Stelle sind.

Die Vorlage des Hubschraubers auf den passenden Tonkarton übertragen. Alle Einzelteile ausschneiden, anhand der Vorlage zusammenkleben und beschriften. Die älteren Kinder können die Aufschrift „Polizei“ nach einer Vorgabe selbst auf den Polizeihubschrauber schreiben. Den Hubschrauber mit einem Faden versehen und aufhängen.

Polizeihubschrauberstaffel

Die Polizeihubschrauberstaffel ist zuständig für die Verkehrsüberwachung und die Suche nach vermissten oder hilflosen Personen sowie für die Unterstützung bei Fahndungen.

11 Die Wasserschutzpolizei

KREATIVAKTION

ALTER ab 4 Jahren

ZIELE Feinmotorik, Fantasie und Kreativität

MATERIAL leerer Milchkarton, Acrylfarbe in Weiß und Blau, wasserfester Stift, Schere, Kleber, Spielfigur, Tonkarton in Blau

Dieses Polizeischiff kann wirklich auf dem Wasser fahren, ohne unterzugehen. Die Kinder möchten es bestimmt gern draußen auf Pfützen oder auch drinnen in der Badewanne ausprobieren.

Den Milchkarton auswaschen und trocknen lassen. Für jedes Kind den Milchkarton zuschneiden. Dazu von der unteren Seite zwei Drittel des Milchkartons entfernen.

Jedes Kind bemalt seinen Milchkarton mit der blauen Acrylfarbe. Nach dem Trocknen das Schiff ausgestalten mit Polizeiaufschrift, Blaulicht und weißen Streifen mit Acrylfarbe. Die Kinder überlegen selbstständig, wie ihr Schiff genau aussehen soll. Für das Blaulicht einen

Streifen blauen Tonkarton von 2,5 Zentimetern Höhe und 8 Zentimetern Breite zuschneiden und rollen. Unten etwas einschneiden und mit Kleber am Dach befestigen.
Nach dem erneuten Trocknen ist das Schiff der Wasserschutzpolizei bereit für seine erste Fahrt übers Wasser.
Füllen Sie dazu eine Wanne mit Wasser und die Kinder probieren die Schwimmeigenschaften ihres Schiffes aus, dabei darf eine Spielfigur der Kapitän sein.

Wasserschutzpolizei

Die Wasserschutzpolizei ist vor allem zuständig für die Überwachung der Schifffahrtsstraßen, Gewässer- und Umweltschutz sowie die Überwachung von Sicherheitsvorschriften bei Schiffen, die gefährliche Güter transportieren.

2

Der Verkehr

Der Verkehr gehört zum Aufgabenspektrum der Streifenpolizei und umfasst nicht nur die Regelung des Verkehrs, sondern auch die Verkehrsüberwachung und präventive Aufgaben.

12 Die Verkehrskontrolle

GESCHICHTE

ALTER ab 4 Jahren

ZIELE Verkehrserziehung, Zuhören und Aufmerksamkeit

MATERIAL Sitzkissen

Diese Geschichte erzählt, wie es passieren kann, dass man zu schnell fährt, und was dann passieren kann.

Kommen Sie mit den Kindern in einem Sitzkreis zusammen. Nachdem es sich alle auf Sitzkissen gemütlich gemacht haben, lesen Sie die Geschichte von Jonas vor, der seine Erfahrungen mit einer Verkehrskontrolle macht.

Geschichte

Jonas hat heute keine Lust auf den Kindergarten und trödelt beim Waschen und Zähneputzen herum, dann beim Anziehen und zum Schluss auch noch beim Frühstücken. Mama ist schon ziemlich ungeduldig. „Jonas beeil dich!", ruft sie ihm zu. Als Jonas endlich fertig ist, rennen die beiden zu Mamas Auto, und kaum, dass sich Jonas in seinem Sitz angeschnallt hat, braust Mama schon aus der Garage. Schneller als erlaubt fährt sie durch die Straße und beeilt sich sehr, um ihn in den Kindergarten zu bringen, damit sie noch rechtzeitig an ihrem Arbeitsplatz ankommt. Jonas bleibt lieber ganz still in seinem Sitz. Eigentlich ist er nämlich schuld an dieser Eile. Er schaut nach unten zu seinen Füßen, um zu gucken, ob er in der Eile seine Schuhe richtig angezogen hat. Da wird seine Mutter plötzlich langsamer, Jonas hebt den Kopf und schaut aus dem Fenster. Am Straßenrand steht ein Polizist und hält eine Kelle in der Hand. Er winkt Jonas' Mama aus dem Verkehr und sie muss anhalten.

„Na toll, das hat mir gerade noch gefehlt!", brummelt Mama verärgert. Jonas kriecht etwas tiefer in seinen Sitz und er bekommt auch etwas Angst: Jetzt wird Mama bestimmt verhaftet. Mama stellt den Motor ab und lässt das Seitenfenster herunter.

„Guten Morgen, Führerschein und Fahrzeugpapiere bitte!", sagt der Polizist zu seiner Mutter. Während Mama in ihrer Tasche nach den Papieren sucht, schaut der Polizist in das Auto und entdeckt Jonas. „Wer bist denn du?", fragt der Polizist und lächelt Jonas dabei freundlich an.

„Ich bin Jonas, bitte nicht meine Mama verhaften und ins Gefängnis bringen", antwortet er ängstlich.

Der Polizist muss grinsen: „Du brauchst keine Angst zu haben, deine Mama kommt nicht ins Gefängnis. Dorthin kommen nur die, die etwas sehr, sehr Böses angestellt haben."

„Aber die Polizei bringt Menschen ins Gefängnis und du bist doch ein Polizist", gibt Jonas sein Wissen von der Polizei preis.

„Ja, ich bin ein Polizist, der heute für den Verkehr zuständig ist. Ich passe auf, dass alle die Verkehrsregeln einhalten, damit keine Unfälle passieren können. Leider ist deine Mama ein bisschen zu schnell gefahren und bekommt von mir eine Strafe", erklärt ihm der Polizist freundlich.
„Aber eigentlich verdiene ich die Strafe, denn Mama musste nur so schnell fahren, weil ich so getrödelt habe!", ruft Jonas verzweifelt. „Es war doch gar nicht ihre Schuld!"
Jetzt schaut der Polizist Jonas etwas strenger an: „Aha, hm! Na, da muss ich dir die Strafe geben. Ich muss mal überlegen, welche Strafe das sein könnte."
Jetzt wird es Jonas mulmig, denn er hat die Handschellen am Gürtel des Polizisten gesehen.
Der Polizist streckt wieder den Kopf zum Fenster hinein: „Gut, ich habe es, weil du so ehrlich warst und die Schuld auf dich nimmst, bekommst du keine Strafe heute. Aber nur, wenn du mir versprichst, nicht mehr so zu trödeln und dich zu Hause zu beeilen, damit deine Mama nicht mehr so schnell fahren muss."
Jonas nickt zu dieser Strafe eifrig und verspricht: „Ich werde morgens nicht mehr trödeln, damit Mama immer die Geschwindigkeit einhalten kann."
Der Polizist tritt vom Fenster zurück. „Gut, dann dürft ihr jetzt weiterfahren – und wie gesagt: Nicht mehr trödeln!"
Jonas nickt noch einmal eifrig und seine Mutter bedankt sich bei dem netten Polizisten. Zum Abschied winkt er dem Polizisten aus dem Fenster zu. Sie setzen den Weg zum Kindergarten fort – und dieses Mal in der richtigen Geschwindigkeit.

13 Anschnallen ist Pflicht

VERSUCH

ALTER ab 4 Jahren

ZIELE selbstständiges Forschen und Erfassen von Zusammenhängen

MATERIAL Rollbrett, Kindersitz, Expander, Langbank, Sprossenwand, gefüllte Kiste, Teddybär

Warum ist es wichtig, sich im Auto immer gut anzuschnallen? Wenn die Kinder das noch nicht so genau wissen, können sie es in diesem Versuch selbst herausfinden.

„Was muss ich tun, wenn ich ins Auto eingestiegen bin, und zwar bevor Mama oder Papa losfahren?" Wenn Sie diese Frage im Sitzkreis stellen, werden die Kinder sicherlich direkt antworten: „Ich muss mich anschnallen." Und warum ist das Anschnallen so wichtig? Die Kinder haben bestimmt eine Vermutung. Starten Sie nun den Versuch:

Eine Langbank in die dritte Stange einer Sprossenwand einhängen. Den Kindersitz mit den Expandern auf dem Rollbrett fixieren. Der Teddybär nimmt darauf Platz und darf mit dem Rollbrett einmal die Langbank entlang nach unten fahren. Alles geht gut, der Bär bleibt sitzen. Das Ganze jetzt wiederholen und eine gefüllte Kiste in den Weg stellen. Das Rollbrett stößt dagegen und der Bär fällt aus dem Sitz. Die Kinder erkennen, wie wichtig es ist, sich anzuschnallen. Den Versuch wiederholen, der Bär wird angeschnallt. Wieder stößt das Rollbrett an die Kiste, doch der Bär bleibt sitzen.

TIPP Besprechen Sie mit den Kindern die Gefahrensituation, ohne sie unnötig zu ängstigen. Erklären Sie aber, dass man wirklich schnell aus dem Kindersitz fallen kann, wenn man nicht ordentlich angeschnallt ist.

14 Polizeikelle

KREATIVAKTION

ALTER ab 3 Jahren

ZIELE die Polizeikelle als Ausrüstung, Handhabung der Kelle, Feinmotorik, Vorstellungskraft

MATERIAL ein dünner Stab, Tonkarton in Rot, Weiß und Grün, Schere und Kleber, weißer Stift

Zur Ausrüstung eines Polizisten gehört eine Polizeikelle. Eine Polizeikelle ist ein tolles Requisit fürs Rollenspiel. Sie können sie ganz leicht mit den Kindern selbst herstellen.

Fertigen Sie ein Muster der Polizeikelle an, um den Kindern die Handhabung zu verdeutlichen. Sprechen Sie mit den Kindern über die Polizeikelle. Können sich die Kinder vorstellen, wie und wann die Polizei eine solche Kelle braucht und benutzt?

An das Gespräch schließt sich die Kreativaktion „Polizeikelle“ an. Dazu auf dem grünen und roten Tonkarton jeweils einen Kreis von 10 Zentimetern Durchmesser und auf den weißen Tonkarton einen Kreis von 11 Zentimetern aufmalen. Diese Kreise schneiden die Kinder aus. Auf den roten Kreis mit dem weißen Stift „Halt“ schreiben, auf den grünen „Frei“. Die beiden Kreise auf die hintere und vordere Seite vom weißen Kreis kleben und an dem Stab befestigen.

Polizeikelle

Die Polizeikelle wird auch Winkerkelle, Anhaltekelle oder Haltekelle genannt. Es handelt sich dabei um eine Scheibe mit einer roten und einer grünen Seite, die an einem Stab befestigt ist. In der Mitte befindet sich meist eine Lampe in der entsprechenden Farbe, die über einen Schalter am Haltegriff bedient werden kann, dies dient zur besseren Sichtbarkeit bei Nacht. Zusätzlich trägt sie die Hinweise HALT oder STOPP.

TIPP Die Wörter „Frei“ und „Halt“ können Sie den älteren Kindern vorschreiben, sodass die Kinder die Wörter später selbst auf ihre Kelle schreiben können. Laminieren Sie die „Kelle“ ein, so reicht Tonpapier für die Bastelarbeit aus. Das Laminieren macht die Polizeikelle stabiler und „haltbarer“. Schließen Sie ein kleines Spiel an die Herstellung der Kelle an, bei dem die Kinder von einer Seite des Raumes auf die andere laufen. Ein Kind kann als Polizist die Kelle hochhalten: Bei der grünen Seite dürfen die Kinder laufen, bei Rot halten alle an.

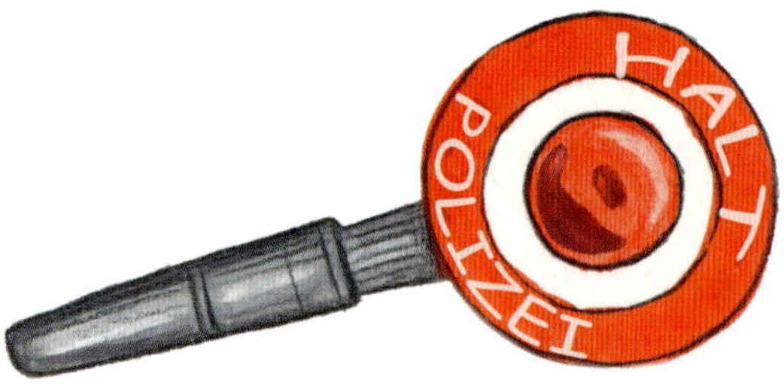

15 Der Verkehrspolizist

BEWEGUNGSSPIEL

ALTER ab 3 Jahren

ZIELE Aufgaben eines Verkehrspolizisten, Merkfähigkeit und Aufmerksamkeit

MATERIAL zwei Bilder eines Verkehrspolizisten, Klebeband, Gummireifen als Lenkräder

Ein Verkehrspolizist regelt bei hohem Verkehrsaufkommen oder bei einem Ampelausfall kurzfristig den Verkehr an einer Kreuzung. Das ist ganz schön schwierig. Hier erfahren die Kinder, wie sie sich verhalten können, wenn das einmal wirklich der Fall ist.

Dieses Angebot sollte im Bewegungsraum stattfinden. Mit Klebeband kleben Sie eine Kreuzung auf den Hallen- oder Raumboden.

Die Kinder kommen zu einem Kreis zusammen. Legen Sie das erste Bild des Verkehrspolizisten, der von vorne mit ausgebreiteten Armen zu sehen ist, in die Mitte.
Fragen zum Verkehrspolizisten könnten sein:

- Wer ist das?
- Was macht dieser Verkehrspolizist?
- Warum regelt ein Verkehrspolizist den Verkehr?
- Wie weiß man, ob man fahren darf?

Mit dem weiteren Bild können Sie mit den Kindern nun die folgende Verkehrsregel erarbeiten:

Siehst du des Polizisten Brust oder Rücken,
musst du auf die Bremse drücken.

Siehst du des Polizisten Seite,
fahre weiter.

Ein Kind stellt sich in die Mitte der aufgeklebten Kreuzung und spielt den Verkehrspolizisten. Die anderen Kinder sind die Autofahrer und bekommen einen Gummireifen als Lenkrad ausgehändigt.
Spielen Sie, dass es an einer stark befahrenen Kreuzung einen „Ampelausfall" gab. Bis die Ampel wieder in Betrieb ist, muss nun ein Polizist mit Hand- und Armzeichen den Verkehr regeln. Die Kinder fahren auf der „Kreuzung" hin und her und achten dabei auf die Handzeichen des Polizisten:

Stehen bleiben – rot: Polizist ist von vorne oder hinten mit ausgebreiteten Armen zu sehen, ich muss anhalten.
Bremsen und stehen bleiben – gelb: Polizist hält den Arm nach oben, ich muss bremsen und stehen bleiben oder ich darf gleich weiterfahren.
Fahren – grün: Polizist ist von der Seite zu sehen, ich darf fahren.

Den Verkehrspolizisten können Sie in der nächsten Runde austauschen, sodass ein anderes Kind an die Reihe kommt.

16 Ampel-Kekse

REZEPT

ALTER ab 3 Jahren

ZIELE Ablauf Backen, Küchengeräte kennenlernen, Ampelfarben vertiefen

MATERIAL Backpapier, Rührschüssel, Backblech, Rührgerät, Wellholz, Küchenwaage, Messer, Kuchenpinsel

ZUTATEN FÜR DEN TEIG (ergibt ca. 4 Bleche) 450 g Mehl, 225 g Butter, 225 g Zucker, 2 Eier, 2 Packungen Vanillezucker,

FÜR DIE DEKORATION Schokoglasur, Schokolinsen in Rot, Gelb, Grün

Ein kreatives Angebot kann schmecken, gleichzeitig hilft es dabei, die Farben einer Ampel sowie deren Funktion zu vertiefen.

Da der Teig ein paar Stunden im Kühlschrank verbringen muss, bereiten Sie ihn am besten schon am Vortag zu. Dazu einfach alle Zutaten zu einem festen Teig verarbeiten.
Jedes Kind bekommt eine Kugel Teig (etwas weniger als einen Tennisball). Die Kinder kneten den Teig kurz und rollen ihn 1 cm dick aus. Mit dem Messer schneiden sie ein Rechteck aus dem Teig und legen es aufs Backblech. Die Ampeln im vorgeheizten Backofen bei 200 Grad ca. 15 Minuten backen. Nach dem Auskühlen können die Kinder die Ampeln ausgestalten: Mit der Schokoglasur die Rechtecke bestreichen und anschließend die Schokolinsen wie auf einer Ampel anordnen. Die Glasur fest werden lassen.

17 Fußgängerführerschein

VERKEHRSERZIEHUNG

ALTER ab 5 Jahren

ZIELE Regeln des Straßenverkehrs, Aufmerksamkeit und Konzentration

MATERIAL Klebeband, Ampel, sechs weiße Papierstreifen 20 cm × 100 cm

Wie gehe ich richtig über eine Straße? Bei diesem kleinen Als-ob-Versuch können es die Kinder selbst herausfinden. Sie benötigen dafür einen großen Raum mit freier Bodenfläche.

Die Kinder kleben mit dem Klebeband eine Straße auf den Boden. Die Straße sollte einen Mittelstreifen auf der Fahrbahn haben und einen deutlich gekennzeichneten Gehweg. Wissen die Kinder, wie man richtig über eine Straße geht?

Folgende Punkte geben dabei eine Orientierung:

1. Überblick verschaffen: Gibt es eine Ampel oder einen Zebrastreifen? Diese sind zu bevorzugen, auch wenn sie einen kleinen Umweg bedeuten.
2. Eine Stelle mit ausreichend Abstand zu Sichthindernissen wählen, um die Straße zu überqueren. Nicht nur man selbst hat man so eine bessere Sicht auf die Straße, sondern man wird auch von anderen Verkehrsteilnehmern besser wahrgenommen.
3. An der gewählten Stelle an den Bordstein stellen und zunächst einmal nach links schauen.
4. Nach rechts schauen.
5. Noch einmal nach links schauen.
6. Wenn die Straße frei ist, diese zügig überqueren – nicht rennen, aber auch nicht bummeln

Die Kinder können an ihrer selbst geklebten Spielstraße das Überqueren gleich nachspielen.

Als Nächstes kommt der Zebrastreifen zum Einsatz, dazu die vorbereiteten Papierstreifen auf die Fahrbahn legen. Wichtig ist, dass die Kinder hier genau wissen: Auch wenn die Autos am Zebrastreifen anhalten sollen, tun sie das nicht immer, deshalb darf man nicht einfach die Straße überqueren, sondern man muss immer zuerst stehen bleiben. Den Arm ausstrecken und in Richtung der herannahenden Autos blicken. Erst losgehen, wenn kein Fahrzeug kommt oder alle Autos zum Stehen gekommen sind. Das Ausstrecken des Armes bekundet für die Autofahrer, dass man hier die Straße überqueren möchte. Mit dieser Geste können die Kinder aber außerdem auch ihr Selbstbewusstsein stärken, indem sie klare Signale an die anderen Verkehrsteilnehmer zu geben lernen. Auch hier können die Kinder alles gleich auf ihrer Spielstraße nachspielen.

Je nach Zeit und Lust können Sie auch eine Ampel an Ihrer Spielstraße einbauen. Dass man bei Grün gehen darf und bei Rot stehen bleiben muss, wissen die Kinder bestimmt schon. Aber auch wenn die Ampel schon Grün zeigt, müssen die Kinder noch einmal genau hinsehen, ob wirklich alle Autos stehen und kein Autofahrer unerlaubterweise weiterfährt.

Nach diesen Übungen im Bewegungsraum geht es an das praktische Üben im realen Straßenverkehr. Hier können die Kinder, beispielsweise kurz vor dem Schuleintritt, einen Fußgängerführerschein erhalten. Geben Sie den Kindern dazu einen Weg vor, den diese allein und ohne Ansagen bewältigen sollen. Sie selbst gehen selbstverständlich nah hinter den Kindern her, greifen aber nur ein, wenn sich ein Kind in Gefahr begibt. Wenn die Kinder alles richtig gemacht haben, dürfen sie danach ihren „Führerschein" an sich nehmen (siehe Kopiervorlage „Urkunde Fußgängerprüfung").

3

DIEBE UND RÄUBER

Um Diebe und Räuber fangen zu können, müssen die Polizeibeamten vielfältige Aufgaben übernehmen. Dazu gehören u. a. die Anzeigenaufnahme und die Spurensuche. Genauso die Vernehmung von Beschuldigten, Geschädigten und Zeugen.

18 Der Dieb kam durchs Fenster

GESCHICHTE

ALTER ab 3 Jahren

ZIELE Aufmerksamkeit und Konzentration, Fantasie, Empathie

MATERIAL Sitzkissen

Wer war's? In dieser spannenden Geschichte schlüpfen die Kinder selbst in die Rolle der Polizisten und rätseln mit, wer einen wertvollen Ring gestohlen hat.

Lesen Sie den Kindern im Sitzkreis die Geschichte vor.

Geschichte

An einem Sonntagnachmittag klingelt in einer kleinen Stadt auf der Polizeiwache das Telefon. Heinrich, der diensthabende Polizist, nimmt den Hörer ab und meldet sich. „Polizeiwache, Polizist Heinrich am Apparat."
„Hallo, hier spricht Susanne Krämer aus der Schulstraße 2. Ich glaube, mein Ring ist mir gestohlen worden. Er ist nicht mehr da."
„Haben Sie denn schon überall nach dem Ring gesucht?", will der Polizist Heinrich wissen. „Oder haben Sie ihn irgendwo vergessen?"
„Ich habe gerade in der ganzen Wohnung nachgesehen", erklärt Susanne, „aber er ist nicht zu finden."
„Das hört sich sehr komisch an", antwortet Heinrich, „ich schicke Ihnen einen Polizisten vorbei, der wird sich alles ansehen."
Susanne ist erleichtert und freut sich, dass die Polizei ihr so schnell helfen will, denn ihr Ring ist sehr wertvoll.
Kurze Zeit später fährt ein Polizeiwagen am Haus von Susanne Krämer vor. Ein Polizist steigt aus und klingelt an der Haustür. Susanne öffnet die Tür und begrüßt den Polizisten. „Schön, dass Sie so schnell kommen konnten."
„Guten Tag", antwortet der Polizist, „ich bin der Polizist Heinz. Bitte erzählen Sie mir doch einmal, was passiert ist."
„Mein Ring ist verschwunden. Jemand hat meinen Ring gestohlen", erzählt Susanne dem Polizisten aufgeregt, „das war bestimmt ein Dieb."
„Wann haben Sie den Ring denn das letzte Mal gesehen?"
Susanne antwortet: „Der Ring lag auf dem Küchentisch, denn ich wollte Geschirr spülen und habe ihn dafür ausgezogen. Nach dem Spülen habe ich vergessen, ihn wieder anzuziehen, und bin ins Wohnzimmer, um mir eine Sendung im Fernsehen anzuschauen. Warum war ich bloß so leichtsinnig und habe das Fenster nicht geschlossen, als ich mich ins Wohnzimmer setzte?"
Der Polizist geht mit Susanne in die Küche, um sich den Küchentisch und das offene Fenster einmal anzusehen. „Sie wohnen im zweiten Stock, da liegt das Fenster sehr hoch", sagt er. „Man braucht eine Leiter, um in die Küche zu gelangen, ich schaue mal aus dem Fenster, um

zu sehen, ob Spuren vor dem Fenster sind." Er geht zum Fenster und streckt den Kopf nach draußen. „Da sind keine Spuren vor dem Fenster", entgegnet der Polizist und erklärt weiter: „Es müssten aber welche von der Leiter oder von den Schuhen des Diebes da sein, wenn er durch das Fenster geklettert ist."

„Wie soll er dann in die Wohnung gekommen sein? Die Haustür war zu und geflogen kann er ja nicht sein", macht Susanne einen Witz.
Da lächelt der Polizist Heinz ein wenig, ihm ist gerade etwas eingefallen. Er hat nämlich bei seinem Blick aus dem Fenster einen großen Baum im Garten stehen sehen. „Ich habe gerade eine Idee, der Dieb könnte doch geflogen sein. So was habe ich schon einmal erlebt, kommen Sie mal mit, wir gehen zum Baum und schauen, ob dort vielleicht ein Nest ist."
Susanne schaut den Polizisten verdutzt an: „Was haben jetzt ein Baum und ein Nest mit meinem gestohlenen Ring zu tun? Aber ich kann ihnen sagen, in dem Baum ist ein Nest, und zwar das einer Elster."
Jetzt grinst Heinz. „Und Elstern sind kleine Diebe, sie lieben alles, was glänzt, und das stehlen sie gerne. Sie schnappen es mit ihrem Schnabel und tragen es in ihr Nest."
Gemeinsam holen sie eine Leiter und gehen damit zum großen Baum. Polizist Heinz klettert die Sprossen der Leiter hinauf und entdeckt sofort das Nest der Elster und blickt hinein. Was er dort sieht, verblüfft ihn, das Nest ist voll mit glänzenden kleinen Dingen. Er findet dort Nägel und Schrauben, silberne Papierkügelchen, Kronkorken, Büroklammern – und das beste: Er entdeckt Susannes Ring. Er nimmt den Ring aus dem Nest und steigt die Leiter hinab. „Ist das der Ring, der Ihnen gestohlen wurde?"
Susanne strahlt: „Ja, das ist mein Ring, er ist wieder da!"
Polizist Heinz gibt Susanne den Ring und schmunzelnd sagt er: „Den Ring habe ich gefunden, aber den Dieb kann ich leider nicht festnehmen. Er würde ganz schnell aus dem Gefängnis ausbrechen."
Da lacht auch Susanne, bedankt sich bei Heinz für seine Hilfe und fügt hinzu: „Immer, wenn etwas fehlt, werde ich zuerst ins Elsternest schauen, bevor ich die Polizei anrufe."
Daraufhin verabschiedet sich Polizist Heinz von Susanne und fährt zurück zur Polizeiwache.

HINWEIS Die Geschichte soll kein schlechtes Bild von einer Elster zeichnen. Weisen Sie die Kinder zum Abschluss darauf hin, dass es sich um eine erfundene Geschichte handelt, in der die Elster zufällig der Dieb ist.

19 Die Täterbeschreibung

STUHLKREISSPIEL

ALTER ab 4 Jahren

ZIELE Sprachförderung, Selbstvertrauen, Fantasie und Vorstellungskraft

MATERIAL Bilder der einzelnen Kinder in der Gruppe, Stein

Für viele Straftaten ist es für die Polizei unerlässlich, dass ein Zeuge eine genaue Täterbeschreibung abgibt. Und wie macht man das?

Für diese Spielidee benötigen Sie Einzelfotos der Kinder. Am besten fotografieren Sie ein Porträt (nur Hals und Kopf), wobei die Kinder direkt in die Kamera schauen sollten. Ältere Kinder können das Fotografieren schon ganz allein übernehmen. Drucken Sie anschließend alle Bilder wenn möglich bunt aus.

Im Sitzkreis legen die Kinder alle Fotos in die Kreismitte. Ein Kind, das den Polizisten spielt, geht kurz vor die Tür. Ein anderes Kind spielt den Dieb, nimmt sich den Stein und versteckt ihn, z. B. in der Hosentasche. Der „Polizist" kommt zurück ins Zimmer und muss durch das gezielte Fragen nach dem Aussehen den Täter herausfinden: „Hat der Dieb blonde Haare?" oder „braune Augen"?
Die anderen Kinder antworten mit Ja oder Nein. Sobald der „Polizist" denkt, dass er den Täter erkannt hat, nimmt er sich das passende Foto und sagt: „Das ist der Dieb." Hat er den richtigen Dieb entlarvt, übernehmen in der nächsten Runde zwei andere Kinder die Rollen von Polizist und Dieb. War die Antwort falsch, dürfen weitere Fragen zum Dieb gestellt werden.

TIPP Die Fotos sind für dieses Spiel natürlich nicht unbedingt wichtig, aber die Motivation der Kinder steigt durch die „Verbrecherkartei".

20 Wie sah der Tatort aus?

SPIEL

ALTER ab 3 Jahren

ZIELE Merkfähigkeit, Konzentration und Ausdauer

MATERIAL angekleidete Puppe, verschiedenen Utensilien wie Tasche, Schlüssel, Brille, Mütze, Buch, Ausweis, Stift, Geld, Block, Auto und Kamm

Das klassische Gedächtnisspiel „Welcher Gegenstand ist verschwunden?" können die Kinder hier viel spannender erleben. Hier sind nämlich alle Kinder Detektive, denen nichts entgeht.

Die Kinder setzen sich in einen Halbkreis. Vor den Kindern sitzt die Puppe. Um die Puppe herum liegen die einzelnen Gegenstände (Geld, Stift, Ausweis …). Gehen Sie mit den Kindern die Gegenstände durch und benennen Sie sie. Die Kinder müssen sich alles gut merken. Ein Kind verlässt kurz den Raum. In dieser Zeit nehmen die anderen Kinder einen Gegenstand weg. Nun darf der Detektiv oder Polizist vor der Tür wieder den Raum betreten. „Was hat sich am Tatort verändert?" Das Kind sagt, was fehlt. Je nach Alter der Kinder sollte die Anzahl der Gegenstände variieren. Bei Vorschulkindern können es zehn bis zwölf Gegenstände sein und Sie können auch zwei oder drei Gegenstände gleichzeitig entfernen.

TIPP Sie können den Schwierigkeitsgrad erhöhen, wenn die Kinder der Puppe ein anderes Kleidungsstück anziehen oder eines entfernen. Entgeht das dem Polizisten oder bemerkt er den kleinen Streich?

21 Das Funkgerät

KREATIVAKTION

ALTER ab 4 Jahren

ZIELE Wissen über das Funkgerät, Feinmotorik

MATERIAL Kopiervorlage „Funkgerät", Tonkarton in Schwarz, Tonpapier in Schwarz und Weiß, Schere, Kleber, weißer und schwarzer Stift

Funkgeräte sind eine tolle Idee, um noch mehr Spaß ins Polizei-Rollenspiel zu bringen. Hier gestalten die Kinder sich Geräte aus Papier und Karton selbst.

Die Vorlage des Funkgerätes auf den schwarzen Tonkarton übertragen, die Kinder schneiden diese aus und kleben sie zu einer Schachtel zusammen. Vom schwarzen Tonpapier einen Streifen in einer Länge von 15 cm und einer Breite von 5 cm schneiden und an der langen Seite zusammenrollen, gut fixieren. An einem Ende 4–5 Mal einschneiden und als Antenne an der kurzen Seite am Körper des Funkgerätes ankleben. Aus weißem Papier zwei Tasten (z. B. Kreise) und ein Quadrat (als Sprechmuschel) schneiden und aufkleben. Mit dem schwarzen Stift Zahlen in die Kreise schreiben und in das Quadrat Längsstriche aufmalen.

Funkgerät

Als Funkgerät bezeichnet man ein Gerät, das zur drahtlosen Kommunikation genutzt wird. Auch die Polizei verwendet Funkgeräte, je nach Geräteart sind sie stationär in der Polizeifunkzentrale, in ihren Fahrzeugen oder beweglich als Handfunkgerät. Die Polizei hat dafür sogar eine eigene Frequenz.

22 Einsatzort

ZAHLENVERSTÄNDNIS

ALTER ab 4 Jahren

ZIELE Zahlenverständnis, Sprechfreude

MATERIAL Papierbahn von ca. 2 Metern, Buntstifte, Funkgerät, Spielfigur

Dieses Spiel gestaltet sich für die Kinder wie ein Rollenspiel, aber die Kinder trainieren dabei nebenbei auch Zahlenverständnis und auditive Wahrnehmung. Bei diesem Spiel kann der gebastelte Polizist zum Einsatz kommen und sich auf dem selbst gemachten Spielplan zum Einsatzort bewegen.

Die Kinder versammeln sich um die auf dem Boden ausgerollte Papierbahn. In der Mitte der Bahn malen die Kinder eine lange Straße auf. Entlang der Straße können sie Häuser und Gärten aufmalen. Diese Häuser mit einer Hausnummer versehen. Dabei darauf achten, dass die Verteilung der Hausnummern der Realität entspricht. Wissen die Kinder, wie Hausnummern verteilt sind? Auf einer Seite der Straße befinden sich immer die geraden und auf der anderen Seite die ungeraden Zahlen in fortlaufender Reihenfolge.

Zwei Kinder erhalten jeweils ein Funkgerät. Eines spielt die Zentrale und spricht ins Gerät: „Achtung, Einsatz in der Hausnummer 8." Das zweite Kind spricht in sein Funkgerät: „Habe verstanden!" und bringt die Spielfigur in das richtige Haus. Danach können die Rollen wechseln, bis alle Kinder eine Zahl angesagt und einmal die Spielfigur bewegt haben.

23 Fang den Dieb

TISCHSPIEL

ALTER ab 3 Jahren

ZIELE Konzentration und Aufmerksamkeit, Reaktionsvermögen, Farberkennung

MATERIAL Farbenwürfel, blauer Plastikbecher, reißfeste Wolle, eine Perle für jede Farbe des Würfels, runder Filzkreis (etwas größer als der Plastikbecher)

Bei diesem Spiel sind Reaktionsgeschwindigkeit, Konzentration und Geschicklichkeit gefragt. Und auch mit den Farben sollten sich die Kinder auskennen. Das Beste daran ist, dass Sie kaum etwas einkaufen müssen, sondern alle Materialien für das Selbst-mach-Spiel in Ihrer Bastelschublade finden.

Die reißfeste Wolle in sechs ca. 30 Zentimeter lange Stücke schneiden. An einem Ende der Schnüre je eine Perle befestigen. Die Farben der Perlen entsprechen dabei den Farben des Farbenwürfels. So können Sie mit sechs verschiedenen Farben oder mit je drei Farben spielen, wenn immer zwei Perlen die gleiche Farbe bekommen.

Dieses Spiel können bis zu sieben Kinder gleichzeitig spielen. Alle Spieler setzen sich an einen Tisch. In die Mitte des Tisches legen die Kinder den runden Filzkreis. Spielen sieben Kinder mit, bekommen sechs Kinder einen Faden mit Perle. Die Perle kommt jeweils auf den Filzkreis. Das Ende des Fadens halten die Spieler fest. Das Kind ohne Perle beginnt zu würfeln. Dann muss es mit dem nach unten zeigenden Becher ganz schnell auf den Tisch schlagen, um zu versuchen, eine der Perlen in der richtigen Farbe einzufangen. Das Kind, das die angezeigte Farbe als Perle hat (oder die Kinder mit der angezeigten Perle), muss so schnell wie möglich seine Perle vom Filzkreis ziehen, damit es nicht gefangen wird. Gelingt es dem Fänger, mit dem Becher (hier die Polizei) die richtige Farbe zu fangen (den Dieb), ist der gefangene Spieler in der nächsten Runde die Polizei.

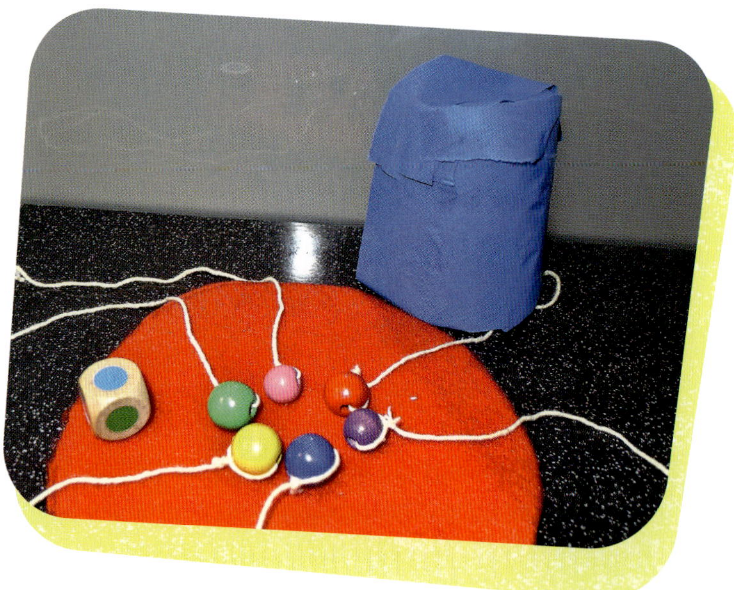

TIPP Bewahren Sie Ihr Spiel in einer selbst gestalteten Schachtel im Spieleschrank auf, sodass die Kinder immer wieder „Fang den Dieb“ spielen können.

24 Der Dieb

SPIEL

ALTER ab 3 Jahren

ZIELE Aufmerksamkeit und Konzentration, Freude am Spiel, Selbstvertrauen

MATERIAL Edelstein oder Tasche

Diebe und Räuber kommen auf leisen Sohlen. Bei diesem Spiel ist besonders das Hören gefragt. In welche Richtung ist der Dieb verschwunden und kann ich ihn an seinem Verhalten erkennen?

Die Kinder kommen zu einem Sitzkreis zusammen, ein Stuhl wird in die Kreismitte gestellt. Auf dem Stuhl nimmt eines der Kinder (die Polizei) Platz, unter den Stuhl kommt der Edelstein oder die Tasche. Das Kind schließt die Augen oder hält sich die Augen mit den Händen zu.
Durch Handzeichen oder Zunicken bestimmen Sie ein Kind aus dem Kreis. Dieses schleicht leise zum Edelstein / der Tasche, nimmt den Gegenstand an sich und setzt sich wieder an seinen Platz zurück. Alle Kinder verstecken die Hände auf dem Rücken. Dabei versteckt „der Dieb" den kleinen Gegenstand in einer Faust. Nun rufen die Kinder: „[Name des Kindes einfügen], der Dieb war da, dein Edelstein / deine Tasche ist weg!"
Das Kind in der Kreismitte öffnet die Augen und guckt sich seine Mitspieler genau an: Wer verrät sich durch Lachen, durch Bewegungen der Hände oder einen bestimmten Gesichtsausdruck? Seinem Verdacht folgend geht das Kind zu dem Mitspieler, der ihm verdächtig vorkommt, und rät: „Du bist der Dieb." Daraufhin zeigt das Kind seine Hände. Hat es den Gegenstand, darf es sich in die Mitte auf den Stuhl setzen und ist in der nächsten Runde die Polizei. Sind seine Hände leer, wandert die Polizei zum nächsten, zweitverdächtigsten Kind weiter.
Findet die Polizei nach drei Versuchen den Edelstein oder die Tasche nicht wieder, ruft sie: „Zeig dich, Dieb!" Nun zeigen alle ihre Hände, sodass die Polizei sehen kann, wer den Gegenstand hat. In der nächsten Runde ist dann dieses Kind die Polizei.

25 Diebesgut

BEWEGUNGSSPIEL

ALTER ab 3 Jahren

ZIELE Reaktion, Grobmotorik

MATERIAL für jedes Kind ein Chiffontuch, Pfeife

Ein lustiges Fangspiel, bei dem Schnelligkeit und Reaktion gefragt sind. Wer hat hier die Nase vorn: Räuber oder Gendarm?

Ein Kind wird bestimmt, das den Polizisten spielt. Dieser Polizist hat die Aufgabe, den Dieben ihr Diebesgut abzujagen. Die Diebe stecken sich ihr Diebesgut, die Chiffontücher, von hinten in den Hosenbund, sodass die Tücher heraushängen. Der Polizist stellt sich auf der einen Seite des Raumes auf und die Diebe auf der anderen Seite. Wenn ein Pfiff aus der Pfeife ertönt, laufen die Diebe los und versuchen, die andere Seite zu erreichen. Der Polizist versucht, so viel Diebesgut wie möglich zu ergattern. Schaffen es die Diebe samt Diebesgut (Tuch) auf die gegenüberliegende Seite, sind sie sicher. Die Diebe, die ihr Diebesgut an die Polizei verloren haben, setzen sich auf den Boden und sind nun Hindernisse. Beendet ist das Spiel, wenn der Polizist allen Dieben das Diebesgut abgenommen hat.

4

KRIMINAL-TECHNIK

Die Kriminaltechnik hat sich seit Beginn der Fingerabdruckerkennung stark weiterentwickelt. Heute umfasst dieser Bereich forensische DNA-Analyse, Videobearbeitung und -auswertung, Sprecherkennung, Urkunden- und Handschriftenuntersuchungen u.v.m.

26 Fingerabdrücke

KREATIVAKTION

ALTER ab 4 Jahren

ZIELE Einblick in die Kriminaltechnik, Feinmotorik, Beobachtung

MATERIAL Klebestreifen, Papier / Plakat, Stifte, Kohle oder Kreide, Lupe

Durch diese Beschäftigung bekommen die Kinder einen kleinen Einblick in die Kriminaltechnik und lernen von der Einzigartigkeit ihrer Finger.

Wissen die Kinder, was Fingerabdrücke sind? Fragen Sie auch, warum und wie ein Fingerabdruck einen Dieb überführen könnte.

Mit der Kreide/Kohle einige Male über ein Stück Papier reiben. Die Kinder drücken eine Fingerkuppe in diesen Abrieb. Die eingefärbte Fingerkuppe mit einem Stück Klebestreifen überkleben und vorsichtig abziehen. Den Klebestreifen auf ein Plakat kleben und dahinter den Namen des Kindes schreiben. Nun ist der Fingerabdruck gesichert.

TIPP Lassen Sie die Kinder mit einer Lupe die Fingerabdrücke betrachten, so können die Kinder leicht die Unterschiede in den Fingerabdrücken erkennen.

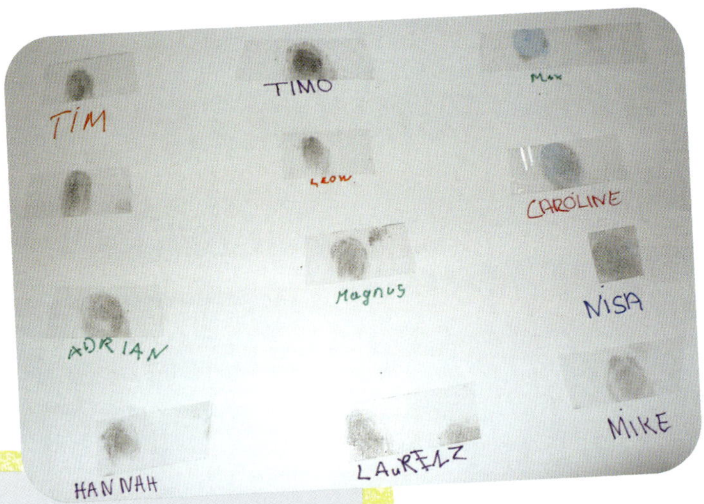

Fingerabdrücke

Jeder Mensch hat eigene, ganz individuelle Fingerspitzen mit einem bestimmten Muster aus Rillen in der Haut. Weil unsere Haut von einer Fettschicht überzogen ist, bleiben Abdrücke der Finger auf Gegenständen zurück, die wir berühren. Die Polizei kann in ihrem Computer Fingerabdrücke miteinander vergleichen.

27 Der Schuhabdruck

SACHWISSEN UND SPIEL

ALTER ab 4 Jahren

ZIELE visuelle Wahrnehmung

MATERIAL große Schüssel mit Sand, Wasser, vier bis fünf Schuhe mit einem unterschiedlichen Profil

Täter hinterlassen nicht nur Fingerabdrücke, sondern auch Schuhabdrücke. Dass es verschiedene Schuhprofile gibt, die man meist auseinanderhalten kann, zeigt dieses Schau-genau-Spiel.

Wissen die Kinder, was ein Schuhabdruck ist? Betrachten Sie doch einfach einmal gemeinsam die Schuhsohlen der Kinder. Erkennen die Kinder dabei Unterschiede? Nun rücken Sie gemeinsam die Sandwanne in die Mitte. Damit die Abdrücke besser zu erkennen sind, befeuchten Sie den Sand etwas. Nacheinander drücken die Kinder ihre Schuhsohlen in den Sand. Anschließend vergleichen sie sie mit den Schuhen.
Als Spiel gelingt es auch: Ein Kind schließt die Augen, die anderen Kinder wählen einen Schuh aus und drücken ein Profil in den Sand. Nun darf das Kind die Augen wieder öffnen und den passenden Schuh suchen und benennen.

28 Schuhabdrücke sichern

KREATIVAKTION

ALTER ab 4 Jahren

ZIELE Einblick in die Kriminaltechnik, Materialerfahrungen mit Gips

MATERIAL flache Plastikschüssel, Haarspray, Sand, Schuh mit Profil, Gips, Wasser, Schüssel zum Anrühren, Handfeger

Schuhabdrücke werden von der Kriminaltechnik gesichert. Auch bei echten Verbrechen werden Schuhabdrücke verglichen. Dazu rückt die Spurensicherung an. Wie richtige „Kriminaltechniker“ von der Spurensicherung gehen die Kinder bei dieser Gestaltungsaktion vor.

Den Sand in die flache Plastikschüssel füllen und etwas befeuchten. Dann mit einem Schuh einen Abdruck in den Sand drücken. Den Sand mit Haarspray fixieren, damit er beim Einfüllen des Gipses nicht kaputtgeht. Den Gips in der Schüssel nach der Anweisung mit Wasser mischen. Besser nicht zu fest, damit er sich leichter gießen lässt. Die Kinder können nun vorsichtig eine etwa 2 Zentimeter dicke Schicht Gips auf den Abdruck gießen. Der Abdruck muss ca. eine Stunde trocknen, dann kann er vorsichtig abgenommen werden. Wenn der Abdruck ganz getrocknet ist, mit einem Handfeger den restlichen Sand abfegen.
Auf diese Weise kann sich jedes Kind seinen eigenen Schuhprofilabdruck herstellen

29 Reifenprofil

KREATIVAKTION MIT SACHGESPRÄCH

ALTER ab 4 Jahren

ZIELE visuelle Wahrnehmung, Sprachförderung

MATERIAL Malblätter, Wachsmalstifte, Klebefilm

Ein weiteres Merkmal, um einen Täter zu überführen, ist das Reifenprofil seines Fahrzeuges. Es gibt so viele verschiedene Reifenprofile auf dem Markt, dass das Vergleichen von Reifenprofilen eine Ergänzung zu allen anderen Kriminaltechniken darstellt.

Hier ist die Mithilfe der Eltern gefragt. Die Kinder nehmen ein Malblatt und einen Wachsmalstift mit nach Hause. Dort stellen sie mit den Eltern einen Abdruck von einem Reifenprofil her. Dazu das Malblatt mit Klebeband auf dem Reifen fixieren und mit dem Wachsmalstift über das Blatt malen. Dazu den Wachsmalstift am besten quer halten.

Im Sitzkreis betrachten Sie gemeinsam die mitgebrachten Reifenabdrücke. Gibt es Unterschiede? Gibt es gleiche Profile? Welches ist der breiteste Reifen? Die Kinder dürfen hier diskutieren und analysieren und stellen dabei eine Verbindung zur Kriminaltechnik her.

30 Der Stofffetzen

TASTSPIEL

ALTER ab 3 Jahren

ZIELE taktile Wahrnehmung, Materialerfahrungen mit verschiedenen Stoffen, Konzentration und Merkfähigkeit

MATERIAL verschiedene Stoffarten, wie Frottee, Leinen, Baumwolle, Chiffon, Samt, Seide, Wolle (Gestricktes); zwei Stofftaschen

Stoffe und Textilien ertasten: Bei diesem Kimspiel können die Kinder ihre Fingerspitzen auf eine spannende Entdeckungsreise schicken. Nebenbei lernen die Kinder ganz verschiedene Kleiderstoffe kennen. Auch die Polizei arbeitet mit der Bestimmung kleinster Fädchen oder Stofffetzen, um Täter zu überführen.

Von den Stoffen jeweils zwei gleich große Stücke abschneiden. Die Stücke gleichmäßig auf die zwei Taschen verteilen.

Erzählen Sie den Kindern im Sitzkreis von einem Dieb, der sich etwas Stoff von seiner Kleidung abgerissen hat. Wie könnte dies der Polizei dabei helfen, den Täter zu finden?
Die Kinder werden die Idee haben, dass es verschiedene Stoffe gibt. Schauen Sie mit den Kindern die eigene Kleidung an: Aus welchem Stoff ist wohl die Hose? Woraus ist der Pullover gemacht?
Die beiden Stofftaschen kommen jetzt zum Einsatz und ein Tastspiel beginnt. Erklären Sie, dass in jeder Tasche das Gleiche ist und dass man durch Fühlen jeweils den gleichen Stoff aus der Tasche holen soll.
Das erste Kind greift nun in die Tasche und holt blind ein Stück Stoff heraus. Gelingt es dem Kind, nur durch Fühlen den Stoffpartner aus der anderen Tasche herauszufischen?
Die Kinder dürfen der Reihe nach je ein Stoffpaar ertasten. Benennen Sie gemeinsam auch die vorhandenen/gefundenen Stoffe mit ihren Namen. Noch schwieriger ist gleichzeitiges, beidhändiges Tasten in den Taschen: Dabei steckt die linke Hand in einer Tasche und die rechte in der anderen. Auch möglich: Sagen Sie einen Stoff an, beispielsweise Samt. Das Kind soll den Stoff nun blind aus beiden Taschen heraustasten.

31 Die gestohlenen Edelsteine

SCHNITZELJAGD

ALTER ab 4 Jahren

ZIELE Konzentration und Ausdauer, visuelle Wahrnehmung

MATERIAL ein eingeweihter Mitspieler (das kann z. B. eine Kollegin sein), ein Beutel mit Glitzersteinen, roter Schal, blaue Mütze, Stoffstücke in Braun, Goldtaler zum Essen, Papier, Schere

Bei dieser Schnitzeljagd geht die ganze Gruppe als Polizeimannschaft auf Verbrecherjagd und versucht, Diebesgut aufzuspüren. Viele der vorangegangenen Spiele und Ideen können Sie bei Ihrer Diebesjagd noch einmal mit verwerten.

Sprechen Sie mit Ihrer Kollegin/Ihrem Kollegen ab, was sie genau erzählen soll. Folgende Fragen sollten dabei geklärt werden:

- Was wurde gestohlen? Ein Beutel mit Edelsteinen.
- Wo wurde es gestohlen? Vor dem Kindergarten oder aus dem Auto der Kollegin/des Kollegen?
- Wie sah der Dieb aus? Der Dieb trug einen roten Schal, eine braune Jacke und eine blaue Mütze.

Stellen Sie alle Utensilien, die Sie für die Schnitzeljagd benötigen, bereit. Dazu gehören der Beutel mit Edelsteinen, der rote Schal, die blaue Mütze und Stoffstücke in Braun. Fertigen Sie einige Fußspuren aus Papier an. Anschließend werden die Spuren oder Hinweise auf der festgelegten Wegstrecke verteilt.

Die Schnitzeljagd endet mit dem Fund der Edelsteine, die der Dieb auf der Verfolgungsjagd verloren hat. Die Kollegin/der Kollege hält die Goldtaler als Finderlohn am Ende der Schnitzeljagd bereit.

Die Schnitzeljagd

Die Kollegin / der Kollege kommt aufgeregt ins Gruppenzimmer. Sie / er berichtet, dass ein Dieb einen Beutel Edelsteine aus dem Auto gestohlen hat. Die Kinder bekommen Hinweise, wie der Beutel und wie der Dieb ausgesehen hat. Die Polizeicrew macht sich auf zum Ort des Verbrechens und inspiziert den Tatort ganz genau. Hier muss eine erste Spur zu finden sein. Weiter geht's immer den Spuren nach. So kann an einer Straßenecke oder einem Gartenzaun der Schal oder die Mütze hängen. Fußspuren zeigen den Weg und Stofffetzen hängen an Bäumen und Sträuchern.
An dem Ort, an dem der Beutel versteckt ist, können Sie den Kindern einen kleinen Tipp geben, dass hier der Dieb den Beutel mit Edelsteinen verloren hat und sie nach ihm Ausschau halten sollen. Die Kinder suchen die Umgebung ganz genau nach dem Beutel ab. Das Diebesgut können die Kinder dann zurück zur Kollegin / zum Kollegen bringen. Sie / er bedankt sich und überreicht jedem Kind einen Goldtaler als Finderlohn.

TIPP Dem eingeweihten Mitspieler kann auch das Portemonnaie oder ein kleiner Schatz „gestohlen" werden.

5

TIERISCHE HELFER BEI DER POLIZEI

Die Polizei erhält Unterstützung auf vier Beinen. Hunde helfen beispielsweise bei Suchaufträgen, bei der Aufklärung von Straftaten oder der Sicherung von Personen und Veranstaltungen. Auch Pferde sind tierische Helfer und werden bei der Polizei eingesetzt.

32 Ein tierischer Helfer

SACHGESPRÄCH

ALTER ab 4 Jahren

ZIELE Sprachförderung, Wissensvermittlung „Hund bei der Polizei“

MATERIAL Bild eines Hundes

Hunde gehören zu den ältesten Haustieren, sie sind seit etwa 15.000 Jahren treue Begleiter des Menschen. Die ersten Hunde waren eine wertvolle Unterstützung bei der Jagd oder beim Hüten von Tierherden. Aber nicht nur das. Die unfehlbare Schnüffelnase leistet dem Menschen auch heute in vielen Bereichen gute Dienste: als Spürhund schnuppert der vierbeinige Freund für Polizei, Feuerwehr und Rettungsdienst.

Die Kinder kommen zu einem Sitzkreis zusammen, in der Mitte liegt ein Bild oder Foto von einem Polizeihund. Warum hat die Polizei wohl manchmal Hunde dabei? Die Kinder geben ihr Wissen preis oder stellen Vermutungen an. Im Anschluss gehen Sie alles noch einmal gemeinsam durch.

Hunde bei der Polizei

Polizeihund ist nicht gleich Polizeihund. Es gibt Spezialisten für unterschiedliche Aufgaben. Der normale Schutzhund begleitet seinen Hundeführer während des täglichen Dienstes. Er schützt ihn vor Angreifern und hilft bei der Suche nach Straftätern.

Die Ausbildung

Schutzhunde, die einen besonders ausgeprägten Spiel- und Beutetrieb haben, können noch weiter zum Spürhund ausgebildet werden. Diese Ausbildung dauert ungefähr drei Monate. In der Gewöhnungsphase werden Rauschgift, Sprengstoff oder andere Geruchsproben so verpackt, dass der Hund gefahrlos damit spielen kann. Über das Spiel gewöhnt sich der Hund an den Geruch des verpackten Gegenstandes und bringt diesen immer mehr mit dem Spielzeug in Verbindung. Im weiteren Verlauf der Ausbildung wird der Hund mit allen möglichen Verstecken vertraut gemacht, damit er möglichst viele Situationen, die im Einsatz auf ihn zukommen können, schon einmal erlebt hat. Der Spürhund der Polizei kann praktisch an jedem Ort, bei jeder Witterung und bei allen Lichtverhältnissen eingesetzt werden. Selbst an kaum zugänglichen Orten leistet er wertvolle Dienste. Von Tätern verwendete Mittel wie Sprays oder Reizstoffe können die empfindliche Hundenase nicht täuschen. Selbst in Folie oder Gummi eingeschweißte Stoffe nimmt er wahr. Allerdings kann ein Spürhund nicht für alle Aufgabengebiete der kriminalistischen Arbeit eingesetzt werden. Deswegen gibt es auch unter den Spürhunden Spezialisten.

Spezialist: Rauschgiftspürhund

Während seiner Ausbildung lernt der Rauschgiftspürhund alle bekannten natürlichen und synthetischen Drogen kennen. Während seiner Ausbildung werden in einem Spielgegenstand Rauschgiftpräparate versteckt, die für den Hund nur über den Geruch wahrnehmbar sind. Durch Spiel- und Suchübungen merkt der Hund, dass er bei Witterung von bestimmten Düften durch Kratzen oder Beißen an einem Rauschgiftversteck seinen Spielgegenstand finden kann, und wird dafür belohnt.

Spezialist: Fährtenhund

Die Ausbildung von Fährtenspürhunden zielt darauf ab, den Hund an unübersichtlichen Tatorten kleine verborgene Beweismittel aufspüren zu lassen. Dabei richtet sich der Hund nach dem menschlichen Geruch, der einem Gegenstand anhaftet. Außerdem wird er darauf konditioniert, die Fährte eines Täters zu verfolgen. Besonders gut funktioniert dies in der Natur. Ein Mensch verletzt mit jedem Tritt den Boden oder die Vegetation. Für Hunde verursachen diese Verletzungen gut wahrnehmbare biochemische Prozesse.

Spezialist: Geruchsspuren-Vergleichs-Hund

Mithilfe des Geruchsspuren-Vergleichs-Hundes prüft die Polizei, ob Geruchsspuren an Beweismitteln einem Tatverdächtigen zuzuordnen sind. Da jeder Mensch ein individuelles Geruchsbild hat, kann dieser Geruch durch Körperausscheidungen (Schweiß, Blut und so weiter) auf Gegenstände übertragen und nachgewiesen werden.
Erkennt der Hund einen Straftäter durch seinen Geruch wieder, hat das die Beweiskraft einer Fotografie vom Täter. Um die Sicherheit dieses Verfahrens zu erhöhen, werden für jeden Fall drei Spürhunde eingesetzt, die unabhängig voneinander zum gleichen Ergebnis kommen müssen.

Spezialist: Sprengstoffspürhund

Sprengstoffspürhunde werden an gewerblichen und militärischen Sprengstoffen, Waffen und Munition ausgebildet. Sie zeigen den Polizisten an, wenn sie spezifische Duftmoleküle wahrgenommen haben. Vergleichende Übungen mit technischen Sprengstoffdetektoren haben gezeigt, dass Hunde Sprengstoff schneller und sicherer lokalisieren können. Besonders erfolgreich war bisher der Einsatz von Sprengstoffhunden bei der Suche nach Tatwaffen und Munition.

Spezialist: Leichenspürhund

Diese zeigen ihrem Führer durch Kratzen und Beißen an einem Fundort die gesuchten Gegenstände und Flächen an. So ist es möglich, den Kofferraum eines Fahrzeuges, in dem eine Leiche transportiert wurde, einwandfrei zu identifizieren, auch wenn dieser nach dem Transport gründlich gereinigt wurde.
Leichenspürhunde können auch aufsteigende Gase durch Leichen oder Leichenteile wahrnehmen, die sich in einem Gewässer in Ufernähe befinden.

33 Waudi und seine Spürnase

GESCHICHTE

ALTER ab 3 Jahren

ZIELE Konzentration und Vorstellungskraft, Empathie

MATERIAL Stofftier Hund

In dieser Geschichte erfahren die Kinder, wie ein Hund die Polizei bei ihrer Arbeit unterstützt.

Kommen Sie mit den Kindern zu einem Sitzkreis zusammen und erzählen Sie von einem besonderen Helden der Polizei. Stellen Sie den Kindern den Stoffhund als Waudi vor. Waudi erzählt von einem ganz besonderen Erlebnis.

Geschichte

Hallo, ich will mich euch mal vorstellen. Ich heiße Waudi, ich bin ein Hund, genauer gesagt ein ganz besonderer Hund, nämlich ein Polizeihund. Ich wohne bei Peter. Peter ist ein Polizist und das bin ich auch. Wie ich Polizist geworden bin, erzähle ich euch mal kurz. Als ich ganz klein war, kam ich zu Peter und dieser hat mit mir geübt, ein Polizeihund zu werden. Erst zu Hause und dann mit anderen Hunden in einer Schule. Aber nicht in irgendeiner Schule, sondern in der Polizeihundeschule. Dort gab es viele Regeln, die man lernen und genau befolgen musste. Ganz viele Kommandos, wie „sitz", „Platz", „such", „Fuß" musste ich lernen und wie ich eine Witterung aufnehme und diese dann verfolge. Wisst ihr, was eine Witterung ist? Da rieche ich etwas ganz Besonderes und das kann nur ich riechen, ein Mensch bemerkt diesen Geruch gar nicht. Denn Hunde haben eine besondere Riechnase.

In der Hundeschule hat Peter mir beigebracht, immer das zu riechen, was er mir vorgibt, und dann diesen Geruch zu verfolgen. Das hat er mit ganz tollen Suchspielen gemacht. Er ließ mich an etwas schnuppern, z. B. an einem Pulli, nun musste ich warten und Peter hat ihn irgendwo versteckt. Anschließend durfte ich suchen. Mann, hat das Spaß gemacht! Überall konnte ich meine feine Nase hineinstecken und wenn ich das Teil gefunden hatte, habe ich auch immer eine Belohnung bekommen. Peter hat es jedes Mal schwerer gemacht, die Sachen immer besser versteckt. Doch ich habe immer alles gefunden, denn ich habe eine super Riechnase.

Irgendwann war meine Ausbildung beendet und jetzt musste ich an echten Einsätzen teilnehmen, das heißt meine Arbeit bei der Polizei begann und von so einem Einsatz möchte ich euch jetzt erzählen.

Eines Nachmittags, Peter und ich lagen gerade so schön faul im Garten, klingelte das Telefon. Peter ging dran und ich hörte nur den Satz: „Natürlich, wir kommen, wir sind gleich da." Peter rief: „Komm, Waudi, wir müssen los, ein Einsatz." Er schnappte meine Leine und legte mir mein

besonderes Geschirr an, das heißt, er band mir um den Bauch einen Gurt, darauf stand „Polizeihund". So wussten alle, die mich sahen, dass ich ein besonderer Hund bin und im Einsatz.
Wir fuhren mit dem Auto zu einem Waldstück. Dort hatten sich schon viele Leute versammelt. Der Polizeiobermeister erklärte uns, was passiert war. Ein kleines Mädchen namens Anna hatte sich verlaufen. Sie war mit ihren Eltern auf einem Waldspaziergang und war plötzlich nicht mehr da. Die Eltern hatten ein Kleidungsstück von Anna, eine Mütze, dabei. Ich musste an dieser Mütze schnüffeln. Dann ging es los. Ich war so aufgeregt, dass ich sofort lossprinten wollte. Doch Peter pfiff mich zurück und bat mich, bei ihm zu bleiben, damit er mir folgen konnte. Wir liefen nun in den Wald hinein, ich die Nase immer schnüffelnd am Waldboden. Ich kam an einen Brombeerbusch und hier konnte ich Anna riechen, ganz stark war der Geruch, hier musste sie gewesen sein und Brombeeren gepflückt haben, aber dann ist sie weitergegangen.
Jetzt ging es doch geradewegs tiefer in den Wald. Die Spur führte mal rechts, dann links, richtig kreuz und quer.
Doch was war das? Die Spur war weg. Ich schnüffelte und schnüffelte. Dann hob ich meinen Kopf, um Peter zu sagen, dass ich die Spur verloren hatte. Doch gerade als ich ansetzen wollte, war der Duft von Anna wieder da. Nur viel weiter oben – und jetzt sah ich es auch, was sie gemacht hatte, sie war auf einen liegenden Baumstamm geklettert und balanciert. Natürlich sprang ich auch auf den Baumstamm und lief darüber. Mensch, das ist gar nicht so einfach, Anna musste ja richtig gut balancieren können.
So gerne ich auch noch über den Baumstamm gelaufen wäre, ich musste weiter. Also einen Riesensatz vom Baumstamm herunter, Nase wieder an den Boden und los. Jetzt ging es nur geradeaus und ich bin immer schneller gelaufen. Peter musste hinter mir fast rennen. Aber er pfiff mich nicht zurück, er ließ mich einfach nur machen. Toll von ihm, dass er so großes Vertrauen zu mir hatte. Mitten im Wald wurde es nun hell, eine kleine Lichtung mit vielen bunten Blumen war vor mir – und was passierte? Die Spur lief links, rechts, im Kreis und auch wieder rückwärts. Ich glaube, für Peter sah es aus, als würde ich ein kleines Tänzchen auf der Wiese machen. Doch er bremste mich nicht und rief: „Such, Waudi, such!" Ja, und glaubt mir, ich habe wirkliche eine feine Spürnase und fand bald wieder den richtigen Weg. Jetzt wurde der Geruch immer stärker und stärker und im gleichen Moment stand ich auch schon vor Anna. Sie lag schlafend unter einem Baum und sie roch genauso wie ihre Mütze. In der Hand hielt sie einen Strauß Blumen, deshalb war sie auf der Wiese kreuz und quer gelaufen, sie hatte Blumen gepflückt. Vor Freude fing ich an zu bellen und davon wachte Anna auf. Verschlafen rieb sie sich ihre Augen und da war auch schon Peter bei uns. „Hallo, Anna, haben wir dich gefunden." Er nahm sein Funkgerät und sprach: „Peter hier, wir haben die kleine Anna und wir bringen sie nun zurück."
Peter nahm Anna auf seine Arme und gemeinsam gingen wir durch den Wald zurück zum Parkplatz. Ich blieb ganz nah bei Peter, da ich nicht wusste, ob er weitere Aufgaben für mich hatte. Doch er sagte nur immer wieder: „Toll gemacht, Waudi, super, du bist ein toller Hund." Und was machte ich? Ich streckte meine Nase weit nach oben und freute mich über so viel Lob. Am Parkplatz wurden wir von den wartenden Eltern begrüßt, die uns vor Freude, dass Anna wieder da war, schon entgegenrannten. Peter übergab sie an ihren Vater und alle anderen jubelten und klatschten Beifall. Mann, war ich stolz, dass gerade mir es gelungen war, Anna zu finden. So konnten nun alle froh wieder nach Hause gehen. Was denkt ihr, was mich da erwartete? Ich bekam den größten und schönsten Knochen, den ihr euch vorstellen könnt. Das war nun nur eine Geschichte von meiner Arbeit als Polizeihund und ich kann euch sagen, bei solchen Belohnungen will ich gar keine andere Arbeit machen.

33 Spürnasen Spiel

ZUORDNUNGSSPIEL

ALTER ab 3 Jahren

ZIELE Sinneswahrnehmung, Merkfähigkeit, Konzentration

MATERIAL 16 verschließbare Döschen (z. B. Filmdöschen, kleine Gläser mit Schraubverschluss, leere und saubere Tablettendosen, Hautcremedosen oder andere undurchsichtige, verschließbare kleine Gefäße), Watte, Blume, Zwiebel, Essig, Duschgel, Zitronenöl, Currypulver, Rosenöl, Teebeutel, Honig, Schokolade

Wie ein Hund haben auch wir einen Geruchssinn. Mit dieser einfachen Idee können die Kinder – so ähnlich wie der Polizeihund in der Polizeihundeschule – ihren Geruchssinn schulen und entwickeln.

Kommen Sie mit den Kindern zu einem Sitzkreis zusammen und rufen ihnen die Geschichte von Waudi in Erinnerung. Ob auch wir Menschen so gut wie ein Hund riechen können? Was glauben die Kinder? Kennen die Kinder einige Gerüche, die sehr stark sind? Die Kinder können nun einige bekannte Gerüche aufzählen. Holen Sie nun Ihre Schnuppermaterialien hervor. Die Kinder riechen an den verschiedenen Dingen wie Zwiebel und Schokolade. Sie beschreiben, wie die Duftgegenstände riechen: Ist der Geruch angenehm oder eher nicht?

Gestalten Sie nun gemeinsam Ihr Dufträtselspiel für Spürnasen

Die Kinder befüllen immer zwei Dosen mit dem gleichen Material. Dazu legen sie, falls eine Flüssigkeit eingefüllt werden soll, zuvor immer etwas Watte in das Döschen.
Beim Befüllen können die Kinder die einzelnen Gerüche auch noch einmal benennen.
Dann die Dosen gut verschließen und kunterbunt mischen. Der Reihe nach versucht jedes Kind, zwei gleich riechende Dosen zu finden. Dabei gelten die gleichen Spielregeln wie bei einem Memoryspiel. Hat jemand falsch „gerochen", kommt der Nächste an die Reihe. Hat er zwei gleiche Düfte gefunden, stellt er diese vor sich und darf weitermachen.
Sammeln Sie Ihre Spürnasen-Dosen in einer Schachtel, auf die die Kinder selbst gemalte Nasen kleben. So können die Kinder ihr Spiel in Zukunft direkt erkennen und aus dem Schrank nehmen, wenn sie damit spielen möchten.

34 Waudi

KREATIVAKTION

ALTER ab 4 Jahren

ZIELE Feinmotorik, Fantasie und Kreativität

MATERIAL Kopiervorlage „Waudi – der Polizeihund“, weißer Tonkarton, schwarzer und brauner Stift, Schere, Kleber, Tonpapier in Schwarz, Gelb und Blau

Waudi aus der Geschichte können die Kinder hier als Spielzeug oder als kleinen Glücksbringer nachbasteln.

Übertragen Sie die Vorlage des Hundes auf weißen Tonkarton. Die Kinder schneiden Kopf und Körper aus und kleben die Teile zusammen. Den Hund mit einem Gesicht und den Fellflecken versehen. Die Kinder entscheiden, ob ihr Hund eine Polizeimütze erhält, und gestalten die Kopfbedeckung nach der Kopiervorlage „Polizeimütze“.

35 Ferdi hat keine Angst

GESCHICHTE

ALTER ab 4 Jahren

ZIELE Konzentration, Aufmerksamkeit, Sachwissen

MATERIAL Stofftier oder Figur eines Pferdes

Ähnlich wie Hunde sind auch Pferde nützliche Helfer. Heutzutage werden sie in der Regel von Hobbyreitern genutzt, als Zugpferde für Kutschen und als Therapiepferde eingesetzt.
Für einen Einsatz bei der Polizei müssen Pferde ganz bestimmte Eigenschaften mitbringen: Die großen Vierbeiner dürfen beispielsweise nicht zu schreckhaft sein, nicht zu unkontrollierten Bewegungen neigen und immer möglichst ruhig bleiben, um bei der Reiterstaffel zugelassen zu werden. Diese Geschichte erzählt von einem sehr mutigen Polizeipferd.

Kommen Sie mit den Kindern zu einem Sitzkreis zusammen und zeigen Sie das Pferd.
Lesen Sie den Kindern dann die Geschichte vor.

Geschichte

Heute möchte ich mich euch Kindern vorstellen. Ich bin Ferdi und wie ihr seht, bin ich ein Pferd. Aber nicht irgendein Pferd, ich arbeite bei der Polizei in der Reiterstaffel. Das ist kein Job für Angsthasen und schwache Nerven.
Bevor ich zur Reiterstaffel kam, wohnte ich auf einem Bauernhof, dort konnte ich jeden Tag auf einer Wiese tollen und hatte viele Spielkameraden. Eines Tages kam eine Menge Menschen zu uns auf den Bauernhof und wir alle, auch meine Freunde, durften auf einer großen Wiese springen und toben. Nach und nach wurde immer einer von meinen Freunden zurück in den Stall geführt. Später erfuhr ich, warum. Der eine war zu klein, der andere zu ängstlich, der dritte zu dick und wieder einer zu langsam. Irgendwann war nur noch ich übrig und die Menschen nahmen mich mit. Ich zog in den Stall der Reiterstaffel und lernte meinen Reiter kennen, Tom.
Jetzt begann meine richtige Ausbildung und ich sage euch, die war sehr anstrengend. Ich musste vor vielen Dingen meine Angst verlieren und vor allem musste ich lernen, dass ich Tom immer vertrauen kann. Ich wurde im Springreiten ausgebildet. Tom ritt mit mir über einen Parcours und ich durfte springen, dabei wurden die Hindernisse immer höher und breiter. Das Schwierigste der ganzen Ausbildungszeit war die sogenannte Gewöhnungsarbeit. Hier wurden Einsatzsituationen nachgespielt, bei denen Tom z. B. mit flatternden Fahnen oder mit klappernden Blechdosen hantierte. Die Geräuschkulisse wurde immer lauter. Doch ich gewöhnte mich recht schnell an den Krach und irgendwann machte er mir nichts mehr aus.
Auch Ausritte im Straßenverkehr gehörten mit zu meiner Ausbildung, um mich an den Straßenlärm und vorbeifahrende Autos zu gewöhnen. Ich durfte auch erfahrene Dienstpferde beim Streifereiten begleiten, so konnte ich sehen, welche Aufgaben mich erwarten. Zum Ende meiner Ausbildung erschreckte ich mich nicht mehr bei Polizeisirenen, Blaulicht, Feuerwerks-

krachern, Schüssen, Feuer und Rauch, also Geräuschen, die Menschen auf der Straße verursachen können.
Seit ich ein ausgebildetes Polizeipferd bin, bin ich unerschrocken, ruhig und habe kein Problem mit Menschenmassen. Die Arbeit macht mir Spaß und ich bin gerne mit den anderen Pferden von der Reiterstaffel unterwegs.
Bei Großeinsätzen wie Fußballspielen ersetze ich bis zu zehn menschliche Polizisten. Außerdem verschaffe ich Tom, meinem Reiter, einen besseren Überblick. Er kann von meinem Rücken aus gefährliche Situationen viel früher erkennen als die Kollegen, die zu Fuß unterwegs sind. Auch über Hecken oder andere große Hindernisse kann ich leichter springen als ein Polizist zu Fuß. Außerdem trage ich Tom durch Gebiete, die zu Fuß oder mit dem Polizeiauto nur schwer erreichbar wären, wie Wälder und Grünanlagen.
Vor allem aber besteche ich durch mein schönes Aussehen und nehme den Menschen die Angst vor der Polizei. Denn wer von euch hat schon mal einen Polizeiwagen gestreichelt?
Wenn ich meinen wohlverdienten Feierabend habe, verbringe ich diesen mit den anderen Pferden auf einer grünen Weide. Doch das ist schnell zu langweilig und ich freue mich schon auf den nächsten spannenden Einsatz.

Polizeipferde

Pferde kommen bei der Polizei bei besonderen Anlässen zum Einsatz, wie beim Schutz von Großveranstaltungen wie Fußballspielen, Open-Air-Konzerten, Versammlungen und Demonstrationen aber auch bei Fahndungen, Absperr- und Suchmaßnahmen im Gelände.
Auch im Streifendienst, bei Patrouillenritten in Parkanlagen, im Gelände oder in Naturschutzgebieten sind Polizeipferde unverzichtbare Helfer.

36 Polizeipferd

KREATIVAKTION

ALTER ab 4 Jahren

ZIELE Feinmotorik, Kreativität

MATERIAL Kopiervorlage „Polizeipferd“, hell- und dunkelbrauner Tonkarton, schwarzes Tonpapier, Schere, Kleber, schwarzer und weißer Stift

Mal schnell ein Pferd basteln? Ganz einfach sind diese Polizeipferde hergestellt. Das Ausgestalten der Vierbeiner können die Kinder schon ganz allein übernehmen.

Für das Polizeipferd übertragen Sie die Vorlage des Körpers auf dunkelbraunen Tonkarton und die Mähne auf hellbraunen Tonkarton. Den Sattel auf das schwarze Tonpapier zeichnen. Die Kinder schneiden die Einzelteile aus und kleben das Pferd zusammen. Für das Zaumzeug aus dem schwarzen Tonpapier dünne Streifen ausschneiden und am Kopf ankleben. Mit dem schwarzen Stift Augen aufmalen und mit dem weißen Stift auf den Sattel „Polizei“ schreiben.

37 Steckenpferd

KREATIVAKTION

ALTER ab 5 Jahren oder mit Eltern ab 3 Jahren

ZIELE Fantasie und Kreativität, Feinmotorik

MATERIAL eine möglichst große Socke, Füllwatte, Knöpfe, Bindfaden oder Klebeband, Wolle, Filz, Heißkleber, Nadel und Faden, einen Stiel, ca. 1 Meter lang

Steckenpferde sind eine lustige Idee, um mehr Bewegung in Rollenspiele zu bringen, die mit Polizeieinsätzen mit Pferden zu tun haben. Diese „Reittiere" sind schnell hergestellt. Laden Sie doch auch die Eltern dazu ein und verbringen Sie gemeinsam einen Steckenpferd-Nachmittag.

Zuerst die Füllwatte in die Socke „stopfen", bis diese prall gefüllt ist. Darauf achten, dass die Socke die Form eines rechten Winkels annimmt. Die Socke über den Besenstiel ziehen und eventuell noch Watte nachfüllen. Mit dem Klebeband am Besenstiel befestigen und anschließend wegen der Optik mit Wolle das Klebeband umwickeln.
Mit Heißkleber zwei schöne Knöpfe als Augen ankleben. Die Ohren aus Filz zuschneiden, an der geraden Seite einschneiden und am Kopf wiederum mit Heißkleber ankleben. Ein Stück Klebeband von ca. 20 Zentimetern auf den Tisch legen, sodass die Klebeseite nach oben zeigt. Auf diese Wollfäden 20–30 cm lang dicht aneinanderlegen. Das Klebeband noch mal mit Heißkleber versehen und an der Socke als Mähne befestigen. Mit einem Stück aufgeklebtem Filz das Klebeband verstecken.
Aus einem roten Stück Filz noch einen Mund schneiden und an der Schnauze befestigen. Aus Wolle oder Schnur eine Kordel drehen und als Leine am Pferd befestigen.

VARIATION Sie sägen den Pferdekopf aus einer dünnen Spannplatte aus und die Kinder gestalten diesen. Den fertigen Pferdekopf an einem Stab befestigen und auch mit der Kordel versehen.

38 Auf die Pferde, fertig, los!

BEWEGUNGSPARCOURS

ALTER ab 3 Jahren

ZIELE Freude an der Bewegung, Grobmotorik

MATERIAL Steckenpferde, Handtrommel, Zeitungen, Joghurtbecher, Bananenkartons, lange Papprollen oder Gymnastikstäbe

Diesen kleinen Bewegungsparcours könnte man auch nach der Trendsportart „Hobby Horsing“ benennen. Eine Sportart mit Gymnastikelementen, bei der Bewegungsabläufe ähnlich denen beim Springreiten und der Dressur nachgestellt werden. Hier kommen statt echter Pferde die Steckenpferde zum Einsatz.

Aus den vorhandenen Materialien bauen die Kinder einen Hindernisparcours auf, beispielsweise eine Slalomstrecke mit den Plastikbechern. Die Bananenkartons können die Kinder als Wassergraben aufstellen. Auf die Plastikbecher Stäbe oder Röhren legen zum Überspringen, die Zeitungen als weitere Hindernisse nutzen.

Die Kinder kommen mit ihrem Steckenpferd in den Bewegungsraum und Sie stimmen sie auf das Bewegungsangebot ein. Rufen Sie ihnen die Geschichte von Ferdi in Erinnerung, der als Polizeipferd trainiert. Gehen Sie mit den Kindern den Parcours durch und überlegen, um welche Hindernisse es sich handelt und wie sie zu bewältigen sind. Nacheinander bewältigen die Kinder den Parcours. Verändern Sie diesen mit den Kindern und lassen Sie die Kinder Ideen einbringen, welche Hindernisse noch gebaut werden können.

TIPP Ein Steckenpferd ist für diese Bewegungseinheit nicht zwingend notwendig. Jedes Kind erhält am Anfang einen Gymnastikstab und dieser verwandelt sich in ein Pferd.

39 Polizei-Party

PROJEKTABSCHLUSS

ALTER ab 0 bis 99 Jahren

ZIELE Spaß haben

MATERIAL Kopiervorlage „Einladung für die Familie", Verkleidung, Verpflegung, Dekoration, Spiele

Eine Polizeiparty ist ein toller Abschluss für Ihr Polizei-Projekt.

So könnte Ihre Polizeiparty ablaufen

Kleidung
Alle Kinder kommen als Polizist verkleidet, etwa mit der selbst gebastelten Polizeimütze und oder einem blauen Shirt.

Essen
Hier kommen die Ampelkekse aus diesem Heft zum Einsatz. Auch Polizeimuffins – gebackene Muffins in blauen Papierförmchen – schmecken bestimmt allen.

Dekoration
Für den Tisch können Sie Servietten mit Polizeimotiven einkaufen. Im Vorfeld können Sie mit den Kindern blau-weiße Wimpelgirlanden gestalten. Einfach blaue und weiße Quadrate abwechselnd hintereinander über eine Schnur legen und zu Dreiecken falten. An den Enden leicht zusammenkleben. Die Girlanden können so lang wie nötig gestaltet werden und schmücken dann Decken, Wände oder liegen auf Tischen. Blaue und weiße Luftballons lassen den Raum direkt einladend wirken.

Spiele
Für Party- Spiele finden Sie in der ganzen Projektmappe sehr viele Anregungen, ein besonderes Highlight ist bestimmt eine Räuber-Schnitzeljagd.

TIPP Feiern Sie gemeinsam mit den Eltern der Kinder, so erhalten diese einen Einblick in den Ablauf des Projektes.

Polizist

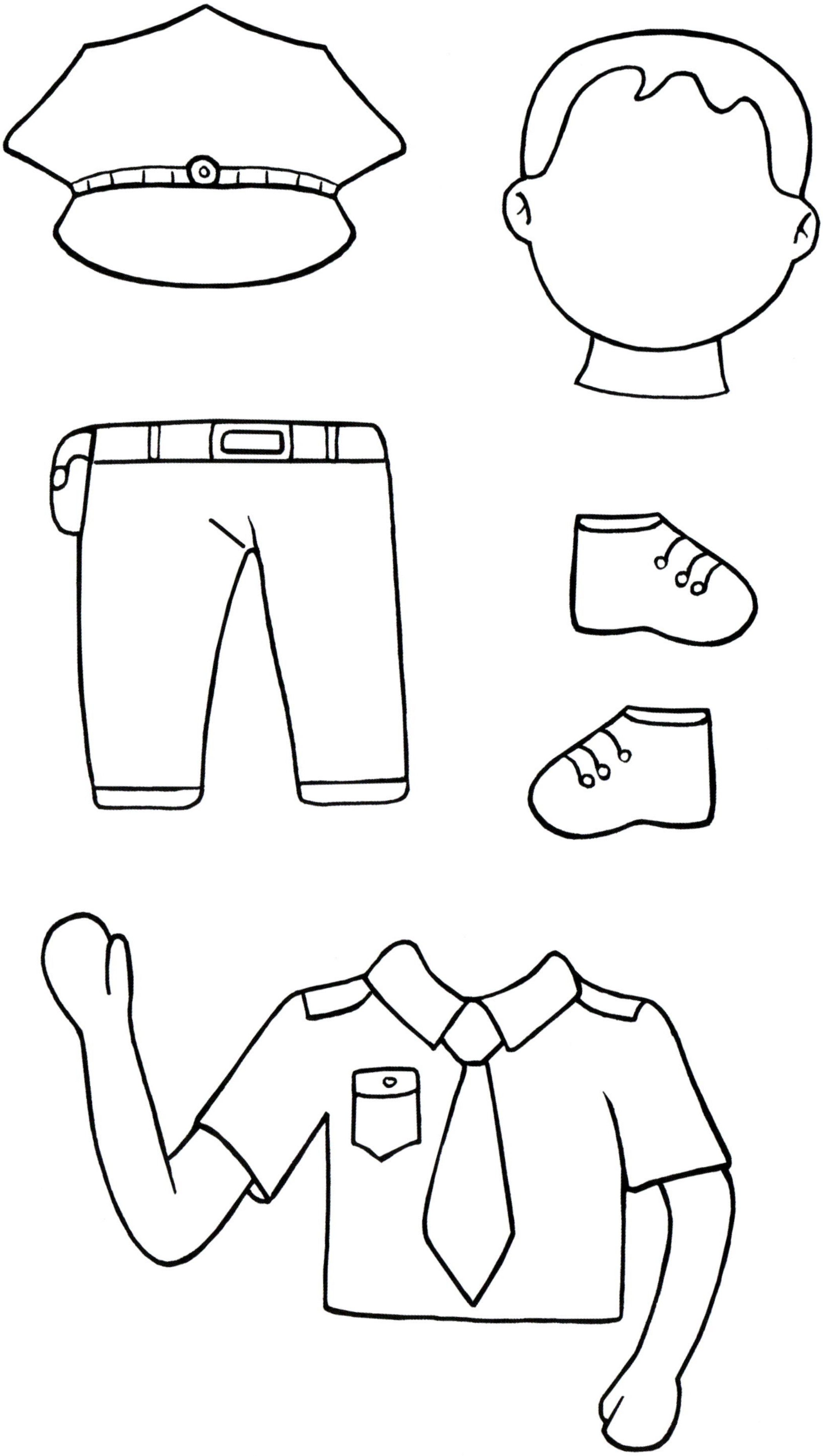

Auto

Polizeimütze 1

Polizeimütze 2

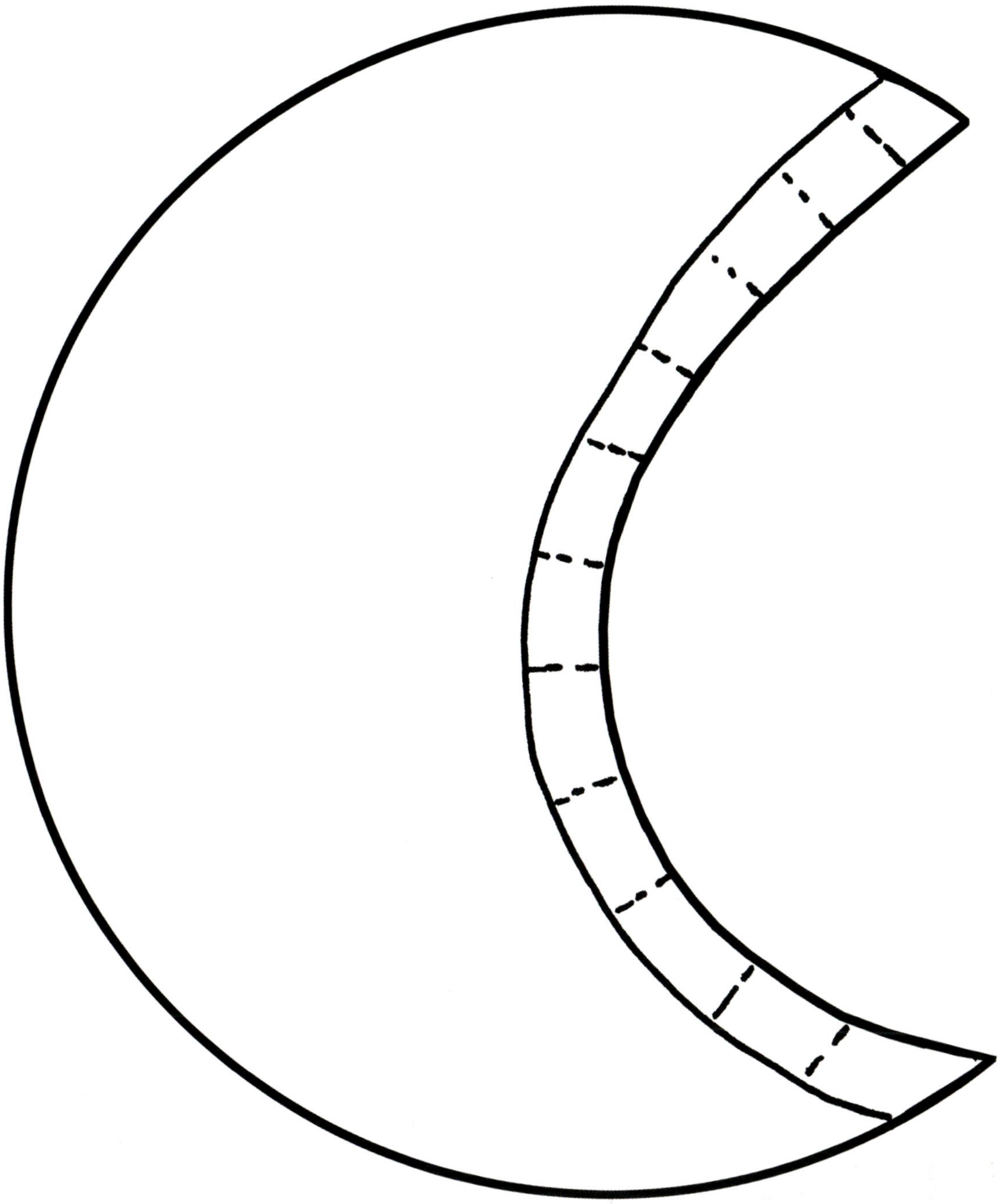

Bildkarten

HALT
POLIZEI

POLIZEI

POLIZEIABSPERRUNG

POLIZEI

POLICE

POLIZEI

POLIZEI

Polizeihubschrauber

Funkgerät

Waudi – der Polizeihund

Polizeipferd

Polizeitag

Am .... besuchte uns die Polizei.

FOTO

Das habe ich alles erfahren:

Labyrinth

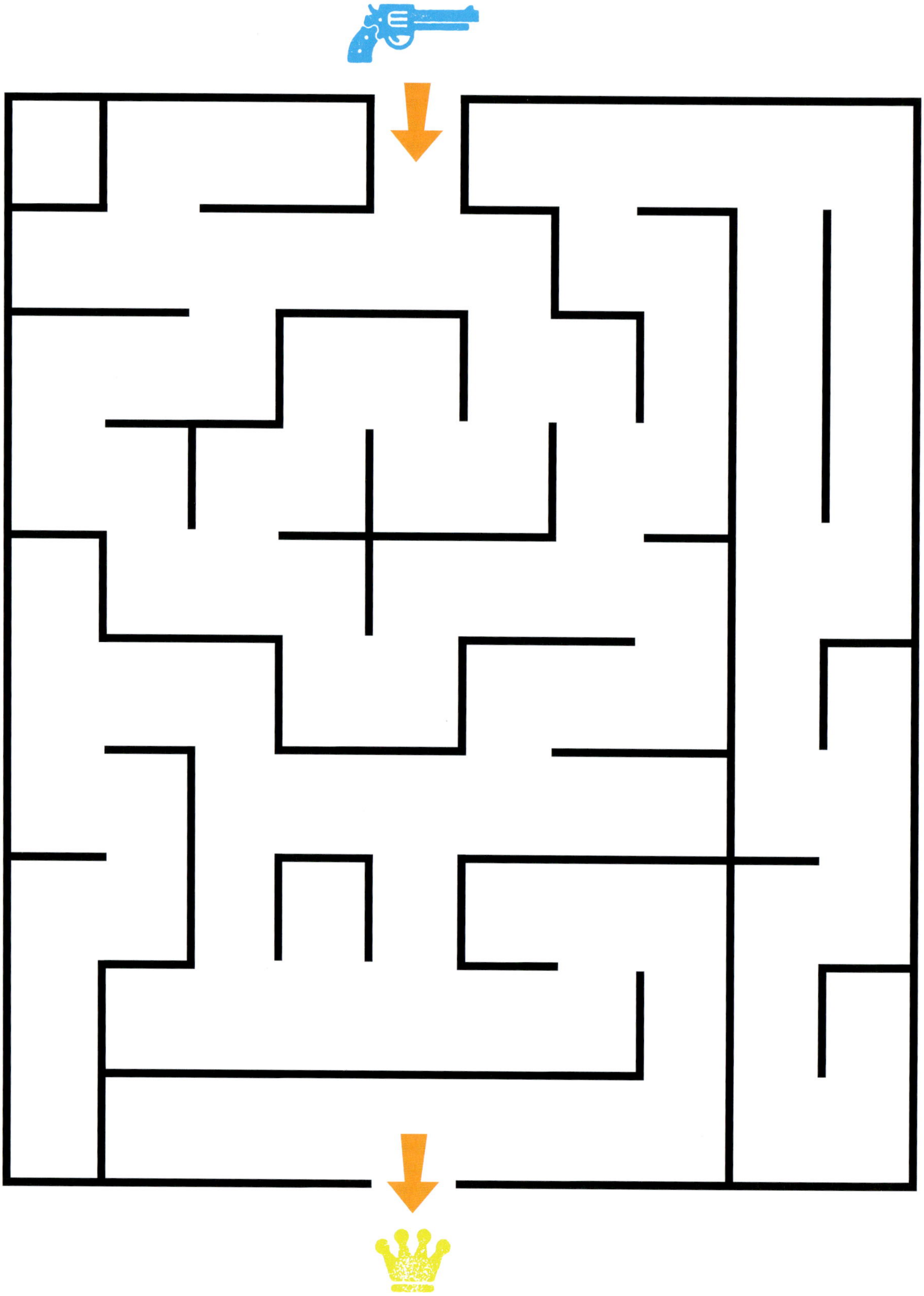

Führe mit einem Stift den Polizisten zum Diebesgut.

Urkunde

FÜR DIE ERFOLGREICHE TEILNAHME AM PROJEKT

— Polizei —

....

NAME DES KINDES

INHALTE DES PROJEKTES: ....

....

....

....

....

....

Urkunde

FÜR DIE BESTANDENE

Fußgängerprüfung

....

NAME DES KINDES

hat am .... alleine

einen vorgegebenen Weg bewältigt.

Einladung für die Familie

....

Ihr seid herzlich zu unserem Polizeifest

am .... um .... Uhr eingeladen.

Die Rückanwort bitte bis zum .... abgeben.

- -

Familie ....

nimmt mit .... Personen am Polizeifest teil.

....

Datum

....

Unterschrift

Bibliografische Information der Deutschen Bibliothek
Die Deutsche Bibliothek verzeichnet diese Publikation in der Deutschen Nationalbibliografie; detaillierte bibliografische Daten sind im Internet über http://dnb.ddb.de abrufbar.

2. Auflage 2022

Texte: Anja Mohr
Illustrationen: Rebecca Meyer
Fotos: Anja Mohr
Mit Ausnahme von: Cover © benjaminnolte – Adobe Stock, Fonds S. 9, 25, 35, 45, 53 © rybindmitriy – Adobe Stock, S. 9 © abr68 – Adobe Stock, S. 25 © benjaminnolte – Adobe Stock, S. 35 © Daniel Ernst – Adobe Stock, S. 45 © Björn Wylezich – Adobe Stock, S. 53 © benjaminnolte – Adobe Stock, S. 70 © Daniel Hohlfeld – Adobe Stock, S. 70 © Matthias Stolt – Adobe Stock, S. 70 © Lukas Sembera – Adobe Stock, S. 70 © peteri – Adobe Stock, S. 70 © Mamuka Gotsiridze – Adobe Stock, S. 70 © Korta – Adobe Stock, S. 70 © SZ-Designs – Adobe Stock, S. 70 © Bildgigant – Adobe Stock, S. 70 © www3d – Adobe Stock, S. 70 © bevisphoto – Adobe Stock, S. 70 © bborriss – Adobe Stock, S. 70 © Juliane Franke – Adobe Stock, S. 70 © elmar gubisch – Adobe Stock, S. 70 © Evlakhov Valeriy – Adobe Stock, S. 70 © BillionPhotos.com – Adobe Stock

Druck und Bindung: ADverts Printing House

ISBN 978-3-7806-5139-9